Optimal A2

Lehrwerk für Deutsch als Fremdsprache

Lehrbuch

von
Martin Müller,
Paul Rusch,
Theo Scherling
und
Lukas Wertenschlag

Grammatik: Helen Schmitz in Zusammenarbeit mit Reiner Schmidt
Aussprache: Heinrich Graffmann in Zusammenarbeit mit Christiane Lemcke

Langenscheidt

Berlin · München · Wien · Zürich · New York

Redaktion: Sabine Wenkums und Lutz Rohrmann
Visuelles Konzept, Layout: Ute Weber in Zusammenarbeit mit Theo Scherling
Umschlaggestaltung: Studio Schübel Werbeagentur; Foto Getty Images / V. C. L.
Zeichnungen: Christoph Heuer
Fotoarbeiten (soweit im Quellenverzeichnis nicht anders angegeben): Vanessa Daly

Verlag und Autoren danken allen Kolleginnen und Kollegen, die ***Optimal*** begutachtet und mit Kritik und wertvollen Anregungen zur Entwicklung des Lehrwerks beigetragen haben.

Optimal A2 – Materialien

Lehrbuch A2	47031
Audio-Kassetten A2	47034
Audio-CDs A2	47035
Arbeitsbuch A2	47032 mit eingelegter Lerner-Audio-CD
Lehrerhandbuch A2	47033 mit eingelegter Lehrer-CD-ROM
Intensivtrainer A2	47047
Testheft A2 mit eingelegter Audio-CD	47039
Glossar Deutsch-Englisch A2	47040
Glossar Deutsch-Französisch A2	47041
Glossar Deutsch Italienisch A2	47042
Glossar Deutsch-Spanisch A2	47043
Lerner-CD-ROM A2	47038
Einstufungstest im Internet	

Symbole in _Optimal_ A2

A 7	**Aufgabe 7** in diesem Kapitel
1.2	**Hören** Sie auf der CD 1 zum Lehrbuch den Index 2.
→ Ü 1 – Ü 2	**Übungen** 1–2 im Arbeitsbuch gehören hierzu.
	Achtung! Das müssen Sie lernen.
	Online-Übungen und -Projekte hierzu auf der Langenscheidt-Homepage
	Diese Redemittel helfen in wichtigen Situationen weiter.

Internetadressen:
www.langenscheidt.de/optimal
www.langenscheidt.de

Umwelthinweis: gedruckt auf chlorfrei gebleichtem Papier

Druck und Bindung: Stürtz GmbH, Würzburg
ISBN 978-3-468-47031-8

10063

Inhalt

Inhalt

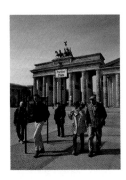

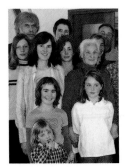

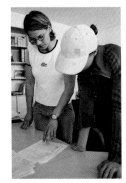

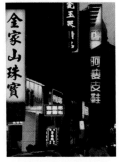

Inhalt

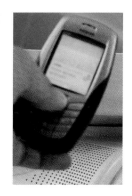

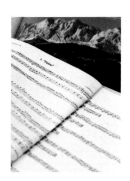

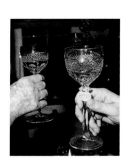

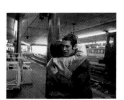

1 Freiburg/Fribourg

Ein Stadtrundgang

A 1
Eine Stadt kennen lernen
Was sehen Sie auf den Fotos?

→ Ü 1

1.2

A 2
Ein Stadtplaner erzählt. Notieren Sie.

→ Ü 2

A 3
Wählen Sie eine Frage und antworten Sie.

→ Ü 3

Eine Stadt: Was ist das Herz?
Was ist die Seele?
Was ist schön und was ist hässlich in einer Stadt?
Wie lernt man eine Stadt, seine Stadt kennen?

A 4
Wo wohnen Sie heute? Und früher? Erzählen Sie.

Wie man eine Stadt liest

Eine Stadt ist wie ein Buch. Ein Buch kann man lesen. Und eine Stadt? Wie kann man eine Stadt lesen?
Ganz einfach: mit den Augen, mit den Ohren, mit der Nase, mit allen Sinnen.
Durch eine Stadt kann man zu Fuß gehen: Stimmen, Wörter, Lachen und Weinen hören, in Gesichter sehen.
Die Luft an einer Kreuzung riechen. Den Regen fühlen. Mit der Straßenbahn oder der U-Bahn fahren. Niemand redet. Aber singt da nicht ein Kind? Eine Frau steigt ein, ein Mann steigt aus: Woher kommt sie? Wohin geht er?
Sich auf eine Bank setzen, am Bahnhof zum Beispiel: Zwei Verliebte umarmen sich, zwei Kinder streiten, ein alter Mann wartet ...

„Ich bin die alte Steintreppe hinunter zum Fluss gestiegen, habe am Ufer gesessen und dem Wasser und den Tieren zugeschaut: da ein Hund, hier ein Vogel. Ich habe nichts getan, nur nachgedacht.
Dann bin ich auf den Markt gegangen: Was riecht hier so? Die Gewürze sind fremd, die Früchte sind farbig und der Fisch ist frisch. Ich habe eine scharfe Wurst gegessen und dann viel Wasser getrunken – und zugehört: laute Stimmen und unbekannte Sprachen.
Am Abend: Die Sonne ist langsam untergegangen und über der Stadt ist der Mond aufgegangen. In den Häusern sind die Lichter angegangen. Ich hatte das Gefühl, die engen Straßen und leeren Plätze erzählen sich ihre Geschichten."

A 5 1.3

Informationen sammeln und ordnen

a) Stadtgeräusche: Was hören Sie?

b) Lesen Sie und machen Sie eine Mind-map.

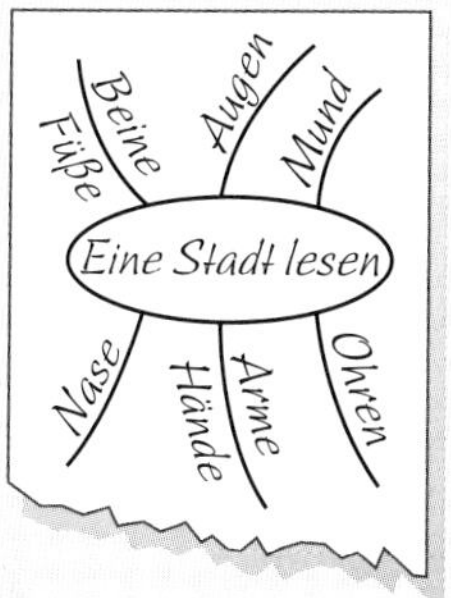

c) Was kann man in einer Stadt sehen, hören, fühlen? Ergänzen Sie Ihre Notizen.

→ Ü 4–5

Fotos beschreiben

Auf dem Foto sieht man links eine Kirche. Rechts sind Bäume.
Vorne ist eine Brücke.

Was ist das hier vorne?	Das ist ein Turm.
Ist das da oben ein Schloss?	Nein, ich glaube, das ist das Rathaus.
Wie heißt das auf Deutsch?	Das ist ein Hochhaus.

Eine Geschichte erzählen

Ich war einmal in .... Da bin ich am Flughafen angekommen und musste .... Da bin ich zuerst zu Fuß ...
und dann habe ich die U-Bahn genommen. Zum Schluss bin ich mit dem Bus ....
Und was war dann?
Und was habt ihr dann gemacht?
Wirklich? Das ist ja toll.

A 6

Eine Stadtgeschichte: Erzählen oder spielen Sie.

→ Ü 6–7

Einsprachig, zweisprachig, vielsprachig

A 7
Den Wohnort beschreiben
Sammeln Sie Informationen zu Freiburg/Fribourg

→ Ü 8

Freiburg/Fribourg ist offiziell eine zweisprachige Stadt. Es gibt fast 35 000 Einwohner und Einwohnerinnen.
Etwa 30 % sprechen Deutsch, etwa 60 % Französisch.
Auf der Straße hört man auch Italienisch, Spanisch, Portugiesisch, Serbisch, Albanisch, Englisch und viele andere Sprachen.
In den Schulen gibt es deutsche und französische Klassen und an der Universität kann man in den zwei Sprachen studieren.

Viele Studenten und Studentinnen finden, Freiburg ist eine spannende Stadt – klein, international, offen.
In den Geschäften und in den Restaurants spricht man eher Französisch, denn so spricht die Mehrheit. Aber bei der Arbeit spricht man mit der einen Kollegin Deutsch, mit dem anderen Kollegen Französisch. Es gibt Zeitungen und Radios auf Deutsch und auf Französisch, und viele Schilder und Straßennamen sind zweisprachig. Man lebt an einer Grenze. Aber wo ist die Grenze?

1.4

A 8
Über Sprachen sprechen
a) Was sagen die Leute über Sprachen?
b) Was denken Sie?

Peter
Chantal
Ich

→ Ü 9

● Peter, wie lange bist du schon hier?
○ Ich bin seit zwei Wochen in Freiburg.
● Und was machst du hier?
○ Ich studiere Sozialarbeit – auf Deutsch und Französisch.
● Und woher kommst du?
○ Ich komme auch aus einer mehrsprachigen Gegend, aus Görlitz/Zgorzelec an der deutsch-polnischen Grenze.
● Wie sprecht ihr in der Familie?
○ Wir sprechen Polnisch und Deutsch, denn meine Mutter ist Polin, mein Vater Deutscher. Ich fühle wie meine Mutter und denke wie mein Vater. Ich finde das super.

„Ich bin in Südfrankreich aufgewachsen, aber wir haben zu Hause Deutsch gesprochen. In den Ferien war ich oft im Elsass, dort habe ich mit meiner Großmutter Deutsch gesprochen. Meine kleine Nichte spricht nur Französisch, aber sie versteht Deutsch."

Chantal meint, sie braucht mindestens zwei Sprachen und zwei Kulturen. Sie sagt, sie will nie in einem einsprachigen Land leben.
Sie hat das Gefühl, sie ist ein anderer Mensch, wenn Sie Deutsch oder Französisch spricht.

A 9
Wie ist das bei Ihnen? Machen Sie ein Interview.

→ Ü 10

Über Sprachen sprechen

Welche Sprachen sprichst du?	Ich spreche drei Sprachen: ...
Wann hast du die Sprachen gelernt?	Mit 6 Jahren habe ich ...
Was spricht man bei euch in der Schule?	Dort spricht man ..., aber auf der Straße ...
Was sprecht ihr in der Familie?	Wir sprechen ..., denn meine Eltern ...
Welche Sprachen sprichst du mit deinen Freunden?	Wenn ich meine alten Freunde treffe, spreche ich ..., ...

Das Lernen planen und organisieren: Ziele setzen

Das lernen Sie mit ***Optimal*** A2

Hören 
Ich kann Sätze und wichtige Wörter verstehen, wenn es um wichtige Dinge geht: zum Beispiel Familie, Wohnen, Einkaufen, Arbeit.
Ich kann kurze, einfache Mitteilungen und Durchsagen verstehen.

Lesen 
Ich kann ganz kurze, einfache Texte lesen.
Ich kann in Anzeigen, Prospekten, Speisekarten oder Fahrplänen wichtige Informationen finden: Wer? Was? Wie teuer? Wann?
Ich kann kurze persönliche Briefe verstehen.

Sprechen 
Ich kann in einem Geschäft einkaufen.
Ich kann auf der Straße nach dem Weg fragen oder Auskunft geben.
Ich kann in einem Restaurant bestellen und bezahlen.
Ich kann ein kurzes Gespräch (auch am Telefon) führen.
Ich kann mit Freunden oder bei der Arbeit über bekannte Dinge reden: zum Beispiel meine Familie, andere Leute, meine Wohnsituation, meine Ausbildung und meine Arbeit beschreiben.

Schreiben 
Ich kann kurze, einfache Notizen und Mitteilungen schreiben.
Ich kann einen ganz einfachen persönlichen Brief schreiben, zum Beispiel mich für etwas bedanken.

A 10
a) Was ist wichtig für Sie?
Markieren Sie:
*** = sehr wichtig
* = wichtig
o = nicht wichtig

b) Was möchten Sie noch lernen? Vergleichen Sie.

→ Ü 11 – 12

Wortschatz lernen: Neue und bekannte Wörter kombinieren

der Hund	die Katze
in der Stadt	die Industrie
der Himmel	der Stern
die Stadt	der Fluss
die Sonne	die Erde
das Tal	der Berg
die Natur	das Wasser
der Mond	das Dorf
die Luft	auf dem Land
der See	

Neu	Bekannt
die Natur	die Luft

Jch bin gerne in der Natur.
Da ist die Luft gut.

der Stern die Sterne	die Sonne, der Mond

A 11
a) Welche Wörter sind neu für Sie? Markieren Sie.
b) Ergänzen Sie und bilden Sie Paare oder Gruppen.
c) Schreiben Sie Sätze.

→ Ü 13

A 12
Wie lernen Sie Wörter? Vergleichen Sie.

Die Stadt

A 13
a) Welche Wörter kennen Sie? Sortieren Sie: neu – bekannt.

1.6 b) Welche Wörter hören Sie? Markieren Sie.

➜ Ü 14 – 15

A 14
a) Zeichnen Sie einen Stadtplan.
b) Beschreiben Sie Ihre Stadt. Der Partner / Die Partnerin zeichnet.

➜ Ü 16

das Hotel	die Touristeninformation		das Krankenhaus	das Hochhaus	
der Bahnhof	der Parkplatz	die Straße	die Gasse	der Markt	das Stadion
das Theater	das Zentrum	die Brücke	die Kreuzung	die Bank	die Post
das Geschäft	das Restaurant	der Park	der Platz	das Denkmal	der Dom
der Turm	das Rathaus	die Altstadt	das Museum	die Treppe	das Kino

Wortbildung: trennbare Verben

A 15
a) Welche Verben kennen Sie? Unterstreichen Sie.
b) Welche Verben passen zum Foto?

ab- • an- • auf- • aus- • mit- • vor- • weg- • zu-

hören + zu ➜ zuhören
sprechen + aus ➜ aussprechen
lesen + vor ➜ vorlesen
schreiben + auf ➜ aufschreiben

fühlen + mit ➜ mitfühlen
sehen + an ➜ ansehen

machen + zu ➜ zumachen
gehen + weg ➜ weggehen
kommen + an ➜ ankommen

c) Bilden Sie andere Verben. Benutzen Sie das Wörterbuch. Schreiben Sie Sätze.

➜ Ü 17

ab·schrei·ben *(hat)*
(...)
2 etwas (*von/aus etwas*) abschreiben
eine handschriftliche Kopie von einem Text machen, ihn noch einmal schreiben

abschreiben
Muss ich das abschreiben?

Rhythmisch sprechen

Straßennamen	du kannst das doch	guten Morgen	international
Einwohnerin	auf Wiedersehen	Woher kommt sie?	Komm doch mal her!
aufgewachsen	ein Buch lesen	portugiesisch	am letzten Tag
angekommen	Was brauchst du denn?	auf der Straße	originell

Akzentgruppen: (Eine Stadt) → | (ist wie ein Buch) ↘

Akzent →   Pause   Akzent ↘

A 16

a) Hören Sie und klopfen Sie den Rhythmus.
b) Lesen Sie von links nach rechts, von oben nach unten.

Ich bin allein | durch die Stadt gegangen. Ich habe Stimmen gehört; ich habe Gesichter gesehen; ich habe die Luft gerochen. Am Bahnhof | habe ich mich | auf eine Bank gesetzt | und habe | mit einer Frau gesprochen. Dann habe ich | Zeitung gelesen. Nach einer Stunde | ist die Sonne untergegangen. Da bin ich | nach Hause gegangen.

A 17

a) Hören Sie und klopfen Sie den Akzent.
b) Sprechen Sie.

Ich heiße | Dominique. Ich bin in Südfrankreich | aufgewachsen | und in die Schule gegangen. Meine Ferien habe ich meist bei meiner Großmutter im Elsass verbracht. Mit ihr habe ich immer nur Deutsch gesprochen. Vom Elsass aus sind wir manchmal nach Deutschland gefahren. Später habe ich in Freiburg studiert. Dort habe ich viele Freunde.

A 18

a) Hören Sie und markieren Sie Pausen und Akzente.
b) Sprechen Sie.

langsam

Eine Stadt | ist wie ein Buch. ↘
Ich bin allein | durch die Stadt gegangen. ↘
Wir fahren | mit der Straßenbahn. ↘
Ich kenne | viele | Städte. ↘
Ich fühle | wie meine Mutter. ↘
Ich denke | wie mein Vater. ↘

schnell

Eine Stadt ist wie ein Buch. ↘
Ich bin allein durch die Stadt gegangen. ↘
Wir fahren mit der Straßenbahn. ↘
Ich kenne viele Städte. ↘
Ich fühle wie meine Mutter. ↘
Ich denke wie mein Vater. ↘

A 19

a) Hören Sie.
b) Sprechen Sie.
c) Lesen Sie:
langsam – schnell

Schwierige Wörter aussprechen

Südfrankreich ↘	in Südfrankreich ↘	Sie lebt in Südfrankreich. ↘
zweisprachig ↘	ist zweisprachig ↘	Sie ist zweisprachig. ↘
Meisterschaften ↘	Europameisterschaften ↘	bei den Europameisterschaften ↘

A 20

Sprechen Sie.

Pronomen „man“

Man spricht Deutsch.
Si parla italiano.

A 21
a) Markieren Sie „man“ und das Verb.
b) *Ihre* Sprache: Vergleichen Sie.
→ Ü 18

Wie lernt man eine Stadt kennen?

____

Durch eine Stadt kann man zu Fuß gehen.

____

Auf dem Foto sieht man eine Kirche.

____

Regel — **Pronomen „man“**

Kreuzen Sie an.

Das Verb steht in der
- 3. Person Singular. ☐
- 3. Person Plural. ☐

Hauptsatz + Hauptsatz: Konjunktoren „und“, „aber“, „denn“

A 22
a) Markieren Sie „und“, „aber“, „denn“.
b) Schreiben Sie die Sätze in die Tabelle.

Was ist schön und was ist hässlich? Ich bin in Frankreich aufgewachsen, aber wir haben zu Hause Deutsch gesprochen. Wir sprechen Polnisch und Deutsch, denn meine Mutter ist Polin.

Hauptsatz 1			Konjunktor	Hauptsatz 2		
Was	*ist*	*schön*	**und**	*was*	*ist*	*hässlich?*
1	2		0 **aber**	1	2	
			denn			

Regel — **Konjunktoren „und“, „aber“, „denn“**

Ergänzen Sie.

Man kann Hauptsätze mit den Konjunktoren „und“, „aber“, „denn“ verbinden. Im Hauptsatz 1 und im Hauptsatz 2 ist das Verb in Position __________.

A 23
Vergleichen Sie mit *Ihrer* Sprache.
→ Ü 19

Konjunktoren: Bedeutung

Aufzählung:
Ich esse Wurst **und** ich trinke Wasser. ________________________________

Gegensatz:
Sie spricht Französisch, **aber** sie versteht Deutsch. ________________________________

Grund:
Wir sprechen Polnisch, **denn** meine Mutter ist Polin. ________________________________

Redewiedergabe

A 24
a) Markieren Sie das Pronomen – „er“ oder „sie“?

Peter:
Ich komme aus Görlitz. In der Familie sprechen wir Polnisch und Deutsch.

Chantal:
Ich brauche zwei Sprachen. Ich will nie in einem einsprachigen Land leben.

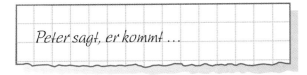

Peter sagt, er kommt …

b) Schreiben Sie.

➜ Ü 20 – 21

Regel

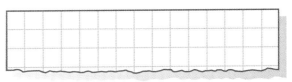

	Aussage			Redewiedergabe durch eine andere Person	
Pronomen:	1. Person:	____ (Singular)	➜	3. Person: ____, *es*, ____	(Singular)
		wir (Plural)	➜	____	(Plural)

Ergänzen Sie.

Wiederholung: Perfekt

Man bildet das Perfekt mit den Formen von „haben“ oder „sein“ und dem Partizip II.
Verben mit der Bedeutung „Bewegung zu einem Ziel“ oder „Veränderung“ bilden das Perfekt mit „sein“.

A 25
a) Erinnern Sie sich?

➜ A1 Kapitel 7, 8

➜ Ü 22

1	2	Satzklammer		**Infinitiv ➜ Partizip II**
Chantal	*hat*	*in der Familie Deutsch*	*gelernt.*	regelmäßig: lernen ➜ **ge**lern**t**
Ich	*bin*	*auf den Markt*	*gegangen.*	unregelmäßig: gehen ➜ **ge**gang**en**
Peter		*lange*	*studiert.*	Verben auf „-ieren“: studieren ➜ studier**t**
Sie		*dich nicht*	*verstanden.*	nicht trennbare Verben: verstehen ➜ verstanden
Chantal		*in Südfrankreich*	*aufgewachsen.*	trennbare Verben: aufwachsen ➜ auf**ge**wachs**en**

b) Ergänzen Sie „haben“ oder „sein“.

2 Ein Leben – ein Traum

Traum und Wirklichkeit

A 1
Über Träume sprechen
Sehen Sie die Bilder an. Was ist *Ihr* Traum?

A 2
Vermutungen äußern
Was ist der Traum von Gundi?

→ Ü 1

Gundi Görg ist in einem kleinen Dorf auf dem Land, in Grissenbach aufgewachsen. Grissenbach liegt in Nordrhein-Westfalen, zwischen Frankfurt und Köln. Gundi hatte schon als Kind einen Traum: Sie wollte nach Lateinamerika. Und sie hat diesen Traum immer wieder gehabt, aber zuerst ist ihr Leben ganz normal verlaufen.

A 3
Eine Geschichte erzählen
Was ist im Leben von Gundi wirklich passiert? Lesen und vergleichen Sie mit A 2.

→ Ü 2 – 4

Gundi ist in Grissenbach acht Jahre lang in die Schule gegangen. Dann hat sie eine Lehre gemacht und wurde Industriekauffrau. Mit 18 hat sie ihren Freund kennen gelernt und mit 21 haben sie geheiratet. Sie haben beide bei den Schwiegereltern auf dem Land gewohnt und viel gearbeitet. Ihr Mann war mit diesem Leben zufrieden. Aber Gundi war nicht glücklich.

Ein paar Jahre später hat Gundi eine gute Stelle bei Mercedes bekommen. Sie wurde Mitarbeiterin in der Marketingabteilung von Mercedes und hat viel Geld verdient. Aber sie hat genau gewusst, dass Geld allein nicht glücklich macht. Und sie hat immer wieder geträumt, dass alles einmal anders wird. Heute sagt Gundi, dass sie sich damals auf dem Land überhaupt nicht frei gefühlt hat.

Mit 30 sieht Gundi eine Sendung über Amnesty international im Fernsehen – und da wird ihr plötzlich klar: „Das ist es. Diese Organisation interessiert mich. Da möchte ich mitmachen.“ Sie wollte etwas anderes, ein neues Leben. Für Gundi war jetzt klar, dass sie weggehen musste.

A 4

a) Wie geht die Geschichte von Gundi weiter? Machen Sie Notizen.

Familie
Arbeit/Hobbys
Sprachen
Reisen

→ Ü 5

- ● Gundi, hat diese Fernsehsendung über Amnesty dein Leben verändert?
- ○ Ja, das kann man sagen. Ich habe mich von meinem Mann getrennt und bin an einen anderen Ort gezogen. Ich habe einige Monate zwei Leben gelebt: Am Tag habe ich Werbung für teure Autos gemacht und am Abend und am Wochenende habe ich in der Amnesty-Gruppe gearbeitet. Die Arbeit in dieser Gruppe hat mir sehr gut gefallen, denn ich habe mich schon immer für Politik interessiert. Wir haben alle von einer Welt ohne Krieg geträumt. Amnesty international hat wirklich mein Leben verändert.
- ● Und was hast du dann gemacht?
- ○ Ich hatte immer diesen Traum von Lateinamerika. Und es war für mich ganz klar, dass ich mal dahin fahren wollte. Zuerst habe ich mit der Arbeit bei Mercedes aufgehört. Dann bin ich nach Madrid gefahren und habe Spanisch gelernt. Das war für mich hart, aber sehr wichtig. Ich war zum ersten Mal in meinem Leben allein im Ausland. Und ich konnte am Anfang kein Wort Spanisch. Und ich bin ja kein Sprachengenie. Aber für mich war klar, dass ich Spanisch lernen musste. Ich wollte nach Lateinamerika ...

b) Hören Sie (CD 1.16) und ergänzen Sie die Notizen. Erzählen Sie.

→ Ü 6

Über Träume sprechen

Hast du einen Traum?	Ja. Ich möchte einmal Stewardess werden.
Was möchtest du mal machen?	Ich möchte später einmal eine Weltreise machen.

Vermutungen formulieren

Was denkst du?	Vielleicht möchte sie einen Mercedes kaufen.
Was glaubst du?	Ich glaube, Gundi möchte nach Spanien fahren.
	Ich glaube, dass Gundi heiraten möchte.
	Es kann sein, dass sie für Amnesty international arbeiten möchte.
	Es ist möglich, dass sie einmal nach Lateinamerika fährt.

A 5

Wie geht das Leben von Gundi weiter? Sammeln Sie Ideen.

→ Ü 7

Rückkehr

A 6
Biographische Notizen
Lesen Sie und machen Sie Notizen.

Rückkehr
Arbeit
Familie
Träume

→ Ü 8–9

A 7
Meinungen äußern
Was finden Sie an der Geschichte von Gundi interessant? Diskutieren Sie.

→ Ü 10

Nach einem Jahr ist Gundi wieder nach Deutschland zurückgefahren. Sie sagt heute, dass sie damals Schwierigkeiten mit den Menschen in Deutschland hatte. Die Menschen in Chile waren freundlich und offen. Sie waren neugierig und haben viel gelacht. Aber Gundi erzählt auch, dass die Leute in Chile Probleme hatten. Viele waren arm und hatten keine Arbeit. Und viele hatten politische Schwierigkeiten.

Für Gundi war klar, dass sie in Deutschland wieder in der Politik arbeiten wollte. Und sie hatte Glück. Die Partei „Bündnis 90 / Die Grünen“ hat eine Mitarbeiterin gesucht und Gundi hat diese Stelle bekommen. Und sie arbeitet heute noch immer bei den Grünen.

Später hat Gundi dann Rudolf kennen gelernt und ist zu ihm nach Düsseldorf gezogen. Sie haben geheiratet und Gundi hat ein Kind bekommen, David. Heute träumen sie oft von einer Reise mit David. Sie möchten später einmal alle zusammen nach Lateinamerika fahren. Gundi hat dort noch nicht alle Länder besucht. Und sie möchte David und Rudolf zeigen, dass dieser Kontinent sehr schön und interessant ist.

A 8
Über sich sprechen
Spielen Sie.

→ Ü 11

Meinungen äußern

Was findest du interessant?	Ich finde interessant, dass Gundi für Amnesty arbeitet.
Was gefällt dir?	Mir gefällt, dass sie später nach Chile fährt und dort arbeitet.

Über sich sprechen

Wo bist du aufgewachsen?	Ich bin in ... aufgewachsen.
Und wo bist du zur Schule gegangen?	Ich bin in ... zur Schule gegangen.
Was hast du nach der Schule gemacht?	Zuerst habe ich ... gemacht. Dann ...
Was bist du von Beruf?	Ich bin ... von Beruf.
Wo wohnst du heute?	Ich wohne in ...
Wo arbeitest du?	Ich arbeite bei ...
Was ist dein Traum?	Ich möchte einmal ...

Wörter thematisch ordnen

Oumou Sangare: rebellisch schön

In Mali bedeutet Musik auch soziales Engagement. Das neue Album von Oumou ist eine leise Rebellion für die Sache der Frauen. „Bei uns in Mali ist Musik wirkungsvoller als Politik", sagt sie und lacht. Die CD ist musikalisch eine Brücke zwischen Tradition und Moderne. Neben repetitivem Chorgesang und Blues finden sich moderne Elemente aus der Popmusik. Wunderschöne Musik aus einer anderen Welt. (World circuit/RecRec: 2 CDs)

Politik
rebellisch – Mali – soziales Engagement – Rebellion

A 9
a) Thema Politik: Markieren und ordnen Sie Wörter.

b) Wie heißt das zweite Thema? Sammeln Sie Wörter.

→ Ü 12

Informationen zeitlich ordnen

Albert Einstein

Albert Einstein ist am 14. März 1879 in Ulm (Deutschland) geboren. Er ist in München aufgewachsen und dort auch zur Schule gegangen. 1895 hat er in Aarau (Schweiz) Abitur gemacht und das Studium an der Technischen Hochschule in Zürich angefangen. Fünf Jahre später, im Jahre 1900, hat er das Studium abgeschlossen und eine Stelle im Schweizer Patentamt in Bern bekommen. 1903 hat er Mileva Mari geheiratet. Das junge Paar hatte zwei Söhne. Einstein hat später noch einmal geheiratet. Im Jahre 1905 hat er an der Universität Zürich mit einer Arbeit über „Elektrodynamik" promoviert.
Von 1909 bis 1911 hat er als Professor für Physik an der Universität in Zürich gearbeitet. 1911 wurde er Dozent in Prag und zwei Jahre später hat er die Stelle als Direktor am Kaiser-Wilhelm-Institut für Physik in Berlin bekommen. Hier hat er 1916 die Relativitätstheorie veröffentlicht. 1922 hat Einstein den Nobelpreis für Physik bekommen. Er war international bekannt und hat sich immer mehr für pazifistische Ideen engagiert. 1933 ist Einstein in die USA gegangen. Dort hat er den Faschismus und die Kriegspolitik von Hitler öffentlich kritisiert. Am 18. April 1955 ist Einstein in Princeton gestorben.

Wann?	*Was?*
1879	*in Ulm geboren*
1895	

A 10
a) Markieren und notieren Sie die Jahreszahlen.

b) Notieren Sie Informationen zu den Jahreszahlen.

→ Ü 13 – 14

Leben

1.17 **A 11**
a) Welche Wörter hören Sie? Markieren Sie.

b) Notieren Sie wichtige Wörter für *Ihre* Biografie.

→ Ü 15 – 16

2
studieren
kennen lernen
eine Stelle finden
Ferien machen
nicht glücklich sein
zurückgehen
allein aufwachsen

1
geboren sein
schwarz sein
Träume haben
Probleme haben
weggehen
die Welt sehen
Musiker werden

3
die Schule besuchen
in die Schule gehen
anders sein
umziehen
bleiben
weggehen
einen Traum haben

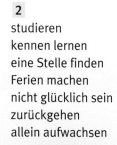

5
zurückkommen
frei sein
sich verlieben
heiraten
zufrieden sein
glücklich sein
Kinder haben

4
eine Lehre machen
arbeiten
Geld verdienen
eine Weltreise machen
arbeitslos sein
Sprachen lernen
neue Ideen entdecken

Zeitinformationen

1.22 **A 12**
a) Welche Zeitinformationen hören Sie? Markieren Sie links.

b) Spielen Sie: Sie lesen die Zahlen links, Ihr Partner kontrolliert rechts.

→ Ü 17

Ich bin 1982 geboren.	neunzehn(hundert)zweiundachtzig
Mit 6 bin ich in die Schule gegangen.	mit sechs
Ich habe mit 21 geheiratet.	mit einundzwanzig
Das war im Jahr 2002.	im Jahr zweitausend(und)zwei
Sie war damals 19.	neunzehn (Jahre alt)
Das war vor 2 Jahren.	vor zwei Jahren
Im Frühling 2004.	im Frühling zweitausend(und)vier
Vielleicht in 20 Jahren.	in zwanzig Jahren
Etwa im Jahr 2026.	im Jahr zweitausend(und)sechsundzwanzig
Dann bin ich 44.	vierundvierzig (Jahre alt)

Satzakzent: neue Information

A 13
a) Lesen Sie.

Gundi Görg ist in **Grissenbach** aufgewachsen.
↓
Grissenbach liegt in **Nordrhein-Westfalen**.

bekannt **neu**

Satzakzent: Man betont die **neue Information**.

b) Markieren Sie in jedem Satz das wichtigste Wort.

Gundi hat nach der Schule eine Lehre gemacht. Sie wurde Industriekauffrau. Aber sie hatte einen Traum. Sie wollte nach Lateinamerika gehen. Zuerst ist sie nach Madrid gefahren. Dort hat sie Spanisch gelernt. Und dann hat sie ein Jahr in Chile gelebt. Das Leben in Chile hat ihr gut gefallen. Später ist Gundi nach Deutschland zurückgekommen. Hier hat sie Rudi kennen gelernt. Sie ist zu ihm nach Düsseldorf gezogen und sie haben geheiratet.

c) Hören Sie zur Kontrolle. 1.23
d) Lesen Sie laut.

Vor dem Lesen: Markieren Sie in jedem Satz das Akzentwort.

Zahlen

A 14 1.24
a) Hören Sie.
b) Sprechen Sie.
c) Variieren Sie die Dialoge.

- ● Wann ist Albert Einstein geboren?
- ○ 1879.

J. W. v. Goethe 28.8.1749 Bertolt Brecht 10.2.1898

- ● Und an welchem Datum?
- ○ Am 14. März.

Wolfgang Amadeus Mozart 27.1.1756

- ● Wo wohnt Sabine?
- ○ In der Kiefernstraße 14.

Demel, Franz – Kellerstr. 27 – 36 27 18 98

- ● Hast du die Telefonnummer?
- ○ Ja, das ist die 76 52 03 13.

Schuster, Theo – Adlerweg 31 – 65 43 89 76

- ● Wann fangen die Weihnachtsferien an?
- ○ Am 20.12.

Ostern 31.3. – 5.4. Pfingsten 20.5. – 31.5.

- ● Und wann sind sie zu Ende?
- ○ Am 8.1.

Sommer 31.7. – 31.9. Herbst 28.10. – 2.11.

Konsonantenverbindungen

A 15 1.27
Sprechen Sie.

[ltr]	Wel**tr**eise ↘	Gundi macht eine Weltreise. ↘
[tst]	Relativitä**tsth**eorie ↘	Einstein hat die Relativitätstheorie entwickelt. ↘
[çtsv]	Re**chtsw**issenschaft ↘	Erkki studiert Rechtswissenschaft. ↘
[tsl]	arbei**tsl**os ↘	Viele Menschen sind heute arbeitslos. ↘

Bei **Konsonantenverbindungen** spricht man alle Konsonanten.

Verb „werden"

A 16
a) Markieren Sie „werden".

Gundi macht eine Lehre und wird Industriekauffrau. Dann wird sie Mitarbeiterin bei Mercedes. Aber Gundi ist nicht glücklich. Sie träumt immer wieder, dass alles anders wird. Mit 30 sieht sie eine Sendung über Amnesty international ... und ihr Traum wird wahr.

b) *Ihre* Sprache: Vergleichen Sie.

Gundi macht eine Lehre. Sie wird Industriekauffrau. ______________________
„werden" + Substantiv ______________________

Sie hat einen Traum. Ihr Traum wird wahr. ______________________
„werden" + Adjektiv ______________________

Konjugation von „werden": Präsens

A 17
a) Markieren Sie die Formen von „werden".

Gundi macht eine Lehre, sie wird Industriekauffrau.

Hans möchte in Italien arbeiten und viel Geld verdienen. Er hat Glück: Seine Träume werden wahr!

- ● Ich studiere Medizin.
- ○ Schön, du wirst Ärztin? Dann werden wir deine Patienten.
- ● Oh, ich hoffe, dass ihr nicht krank werdet.

- ● Ich habe Kopfschmerzen, ich werde krank. Ich kann morgen nicht arbeiten.
- ○ Trinken Sie viel Tee und Wasser, dann werden Sie gesund.

b) Ergänzen Sie die Tabelle.

→ Ü 18 – 19

Singular	
ich	______
du	______
Sie	______
er	______
es	*wird*
sie	______

Plural	
wir	______
ihr	______
Sie	*werden*
sie	______

Konjugation von „werden": Präteritum

A 18
Ergänzen Sie.

→ Ü 20

Nach der Schule wurde Gundi Industriekauffrau. Sie wurde Mitarbeiterin bei Mercedes Benz.

3. Person Singular	Präsens	Präteritum
	er/es/sie wird	______

Satz: Nebensatz mit „dass"

Aussage Gundi sagt:	„Ich muss weggehen."	**A 19** a) Markieren Sie die Verben.
Redewiedergabe durch eine andere Person Gundi sagt,	**Hauptsatz** sie muss weggehen.	b) *Ihre* Sprache: Vergleichen Sie. Achten Sie auf die Pronomen („ich" – „sie").
Redewiedergabe Gundi sagt,	**mit „dass": Nebensatz** dass sie weggehen muss.	

Gundi verdient viel Geld. Aber sie weiß, dass Geld allein nicht glücklich macht. Und sie träumt immer wieder, dass alles einmal anders wird. Für Gundi ist klar, dass sie weggehen muss. Sie erzählt, dass sie nach Lateinamerika möchte.

A 20
a) Markieren Sie „dass" und die Verben.

b) Ergänzen Sie.

➜ Ü 21 – 23

Hauptsatz	**Nebensatz**		
Aber sie weiß,	*dass*	*Geld allein nicht …*	
	Subjunktor		**Verb**

Nebensatz mit „dass" — **Regel**

Im Nebensatz (mit „dass", „wenn") steht das ________________ am Ende.

Ergänzen Sie.

Textreferenz: Demonstrativ-Artikel „dieser, „dieses", „diese"

Gundi Görg hat schon als Kind von Lateinamerika geträumt. Und sie hat **diesen Traum** immer wieder gehabt. ... Mit 30 sieht sie eine Sendung über Amnesty international – da wird ihr klar: „Das ist es. **Diese Organisation** interessiert mich. In **dieser Organisation** möchte ich arbeiten."

A 21
a) Worauf „zeigt" der Demonstrativ-Artikel? Machen Sie Pfeile.

b) Ergänzen Sie die Tabelle.

➜ Ü 24

Singular	maskulin	neutrum	feminin	Plural
Nominativ	*dieser* der	____ das	____ die	____ die
Akkusativ	____ den	____ das	____ die	____ die
Dativ	____ dem	____ dem	____ der	____ den

Unterwegs

Faszination Bahnhof

A 1
Ideen zum Thema „Reisen" sammeln
a) Sehen Sie das Foto an. Was machen die Leute?
b) Was fällt Ihnen zu „Reisen" ein?

→ Ü 1

1.28

A 2
Situationen unterwegs verstehen
a) Hören Sie und nummerieren Sie auf dem Foto.
b) Lesen und kontrollieren Sie.
c) Hören Sie noch einmal und notieren Sie.

Wer?
Wann?
Wie?
Wie viel?

→ Ü 2

1
- ● Schade, dass ihr schon fahren müsst.
- ○ Ja, wirklich schade, aber wir kommen ja im Herbst wieder.
- ■ Auf Wiedersehen, Verena, es war schön, dass wir wieder mal Zeit hatten.

2
- ● Die Dame, bitte?
- ○ Haben Sie noch eine Tageszeitung?
- ● Ja, hier rechts.
- ○ Ach hier, danke. Und die Abendpost, bitte.

3
- ● Entschuldigung.
- ○ Ja bitte?
- ● Ich habe gerade den Zug nach Hannover verpasst. Wann fährt der nächste, bitte?
- ○ Nach Hannover? Moment! Um Viertel nach ...

4
- ● Wenn Sie mit dem Regionalzug über Zürich fahren, dann sind Sie um halb elf in Basel.
- ○ Und der ICE? Ist der ICE nicht schneller?
- ● Ja sicher. Der ICE ist schneller als der Regio. Aber der ist auch teurer ...

5
- ● So, wer ist dran?
- ○ Haben Sie nur Früchte?
- ● Nein, natürlich nicht. Wir haben auch Sandwichs und ...
- ○ Und haben Sie auch etwas Warmes?

6
Gleis 4, an alle Fahrgäste nach Prag: Meine Damen und Herren, der ICE nach Prag, fahrplanmäßige Abfahrt um 12.48 auf Gleis 4, hat circa 25 Minuten Verspätung. Ich wiederhole, Gleis 4, der ICE nach Prag hat circa 25 Minuten Verspätung. Wir bitten alle Fahrgäste um Entschuldigung.

Die meisten Leute denken beim Wort Bahnhof zuerst an Fahrpläne, Züge oder schwere Koffer. Und das ist auch normal, weil am Bahnhof Tag und Nacht Züge abfahren und ankommen. Bahnhöfe waren schon immer Orte für Begegnungen und Träume. Hier treffen oder verabschieden sich junge und alte Menschen: Familien mit Kindern, Touristen, Geschäftsleute oder Verliebte. Bahnhöfe in Großstädten sind heute mehr als nur Treffpunkte. Bahnhöfe in Großstädten sind innen größer als die alten Bahnhöfe. Und sie sind auch vielseitiger, weil man dort an sieben Tagen in der Woche alles kaufen kann: von 6 bis 22 Uhr. In einem großen Bahnhof kann man heute einkaufen wie in einem Einkaufszentrum. Auf mehreren Stockwerken gibt es Restaurants, Kioske, Boutiquen, Banken – und die hohen, großen Bahnhofshallen sind ideale Orte für Konzerte, Theater und auch Sportveranstaltungen. Kurz: Bahnhöfe in Großstädten sind heute multifunktional. Sie sind Treffpunkte. Sie bleiben Orte für Begegnungen und Träume, aber sie sind auch Orte für Konsum und Kultur.

A 3
Informationen zum Thema „Bahnhof" vergleichen
a) Lesen Sie und sammeln Sie Informationen.

→ Ü 3

b) Vergleichen Sie mit Ihrem Land.

Sich informieren

Wann fährt der nächste Zug nach Bern, bitte?	Moment bitte. Um Viertel nach drei.
Muss ich da umsteigen?	Nein, der fährt direkt bis Bern.
Ich suche die S-Bahn, bitte.	Sehen Sie den Kiosk? Gehen Sie da die Treppe runter.
Entschuldigung, ist der ICE nicht schneller?	Ja sicher, aber der ist auch teurer, der kostet ...

Einkaufen

Haben Sie auch etwas Warmes?	Aber sicher. Hähnchen oder Hot Dog?
Haben Sie noch eine Tageszeitung?	Ja, hier rechts.

Sich verabschieden

Schade, dass ihr schon fahren müsst.	Ja, aber wir kommen ja wieder.
Auf Wiedersehen, Verena, es war schön ...	Ciao, mach's gut! Bis bald!

A 4
Spielen Sie.

→ Ü 4–5

Reise-Orte

Busbahnhof

Flughafen

Hafen

Autobahnraststätte

A 5
Meinungen äußern
a) Sehen Sie die Fotos an und lesen Sie. Ordnen Sie zu.
1.34 b) Hören Sie und notieren Sie die neuen Informationen.
c) Was meinen Sie?
→ Ü 6

A Mit dem Zug oder mit dem Flugzeug? Das ist nicht so wichtig. Mit dem Zug ist man heute oft genauso schnell wie mit dem Flugzeug.

B Mein Traum ist immer noch eine Schiffsreise. Eine richtige Reise auf einem großen Schiff – von Europa nach Amerika tagelang über den Ozean fahren und nichts als Wasser und Wellen.

C Sehen Sie, früher sind wir noch oft mit dem Flugzeug in die Ferien geflogen. Aber heute reisen wir nicht mehr so gern, weil es keinen Spaß mehr macht. Fliegen ist gefährlich.

D Warum? Ganz einfach, weil ich jeden Tag mit dem Bus zur Arbeit fahre. Am Morgen hinfahren, am Abend zurückfahren. Bus fahren ist langweilig.

E Ich reise sehr gern. Ich fahre gern Zug. Zug fahren ist viel schöner als Auto fahren, denn im Speisewagen sitzen, essen, Zeitung lesen, das ist für mich Lebensqualität.

F Reisen ja – aber nur mit dem Auto. Und bitte nicht mit dem Zug oder mit dem Flugzeug! Flughäfen und Bahnhöfe mag ich nicht, weil da überall Uhren hängen und alle Leute im Stress sind.

A 6
Wie reisen Sie? Machen Sie eine Umfrage im Kurs.
→ Ü 7–8

Meinungen äußern

Reisen Sie gern?	Ja, ich reise gern. Mein Traum ist eine Reise nach ...
Und wie reisen Sie lieber?	Mit dem Zug. Zugfahren ist für mich Lebensqualität.
Warum reisen Sie gern?	Ich reise viel, weil ich gern Menschen treffe.
Warum reisen Sie nicht mehr gern?	Weil es keinen Spaß mehr macht.
Wie reisen die Leute in ...	Bei uns in ... reisen die meisten Leute mit dem Bus, weil ...

Redemittel sammeln: Auskunft geben

Ein deutscher Tourist in Ihrer Stadt fragt:
„Entschuldigung, können Sie mir helfen?
Wie komme ich zum Bahnhof?“
Wie reagieren Sie?

1. Ein Tourist fragt nach dem Bahnhof.
2. Eine Touristin möchte Geld wechseln.
3. Ein Ehepaar möchte gut essen gehen.
4. Eine Familie sucht einen Campingplatz.
5. …

A 7
a) Sammeln Sie Situationen.

→ Ü 9

Was fragen die Touristen?	**Was sagen Sie?**
1. Entschuldigung, wo ist der Bahnhof?	*Der Bahnhof, das ist ganz einfach, zuerst gehen Sie geradeaus, dann bei der Ampel rechts, etwa 100 Meter, und dann sehen Sie den Bahnhof.*
2. Entschuldigung, wo kann ich hier …	…

b) Sammeln Sie Fragen und Antworten.
c) Spielen Sie.

Redemittel ordnen: Auto oder Zug?

Optimal hat eine Umfrage gemacht und gefragt: Fahren Sie lieber Auto oder Zug?
Hier die Meinungen von vier Personen.

Ich fahre lieber Zug: ________ **Ich fahre lieber Auto:** ________ **Das ist mir egal:** ________

A 8 1.40
a) Hören Sie.
Wer fährt lieber Auto, wer Zug? Notieren Sie.

1. Ein Vorteil ist, dass ich mit dem Zug nie im Stau stehe. 2. Ich bin ein Autofan. Ich habe den Führerschein mit 18 gemacht. Ich fahre einfach gern Auto. 3. Ich kann ohne Auto nicht leben, weil ich auf dem Land wohne. 4. Ich bin gegen das Auto, weil Zug fahren einfach ökologischer ist. 5. Ich finde, das Auto ist bequemer und schneller als der Zug. 6. Ein großer Nachteil ist, dass Auto fahren nicht billig ist: Das Benzin ist sehr teuer. 7. Ich fahre lieber Auto, weil Auto fahren praktischer ist als Zug fahren. 8. Ich finde, dass Zug fahren nicht so gefährlich ist wie Auto fahren. 9. Ein Nachteil ist sicher, dass die Züge oft Verspätung haben. 10. Ein großer Vorteil ist, dass ich im Zug schlafen kann.

pro: ______________________ **kontra:** ______________________

b) Lesen und ordnen Sie die Meinungen: pro und kontra.

A 9
Wie reisen Sie lieber? Notieren Sie Argumente und spielen Sie.

→ Ü 10

Gute Reise!

A 10

a) Welche Wörter kennen Sie? Markieren Sie.

die Panne • Benzin tanken • reparieren • der Stress • sich beeilen • starten • das Taxi
der PKW • halten • ankommen • die Auskunft • landen • der Bahnsteig • die Durchsage
verpassen • erreichen • der Anschluss • einsteigen • der Automat • die Autobahn • die Tankstelle
der Führerschein • der Pass • gültig • die Papiere • der Ausweis • die Fähre • abfliegen
der Abflug • der Stau • der Bahnsteig • abbiegen • abholen • mieten • die S-Bahn • die Grenze
der Zoll • der Fußgänger / die Fußgängerin • die Ankunft • der Unfall • die Panne • gefährlich
die Polizei • besetzt • frei • die Abfahrt • das Gepäck • ...

b) Machen Sie vier Wortnetze.

➜ Ü 11 – 12

Tätigkeiten unterwegs

A 11

a) Ordnen Sie 1 – 10 den Bildern zu.

1. dem Schaffner die Fahrkarte zeigen • 2. einen Platz im Intercity reservieren
3. am Schalter Geld wechseln • 4. im Speisewagen sitzen und ein Bier bestellen
5. an der Grenze den Pass suchen • 6. zu Hause den Koffer packen
7. für die Rückreise ein Auto mieten • 8. im Internet den Fahrplan lesen
9. auf der Autobahn im Stau stehen • 10. die Hotelrechnung mit Kreditkarte bezahlen

A

B

C

D

E

F
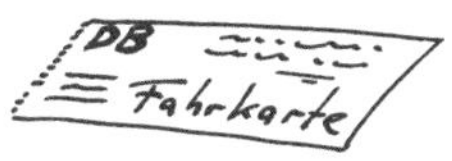

G

H

I

J

b) Schreiben Sie Sätze.

➜ Ü 13 – 14

Ich lese im Internet den Fahrplan. Ich reserviere einen Platz im Intercity.
...

Hauptsatz + Nebensatz: Sprechmelodie

Hauptsatz	Nebensatz
Ich muss noch schnell zum Kiosk, →	weil ich mir eine Zeitung kaufen will. ↘
Nebensatz	**Hauptsatz**
Wenn ich einkaufen muss, →	gehe ich zum Bahnhof. ↘

Die Sprechmelodie bleibt gleich.

A 12 1.44
a) Hören Sie.
b) Sprechen Sie.

Wenn Sie den ICE nehmen, → sind Sie schneller in Basel. ↘

Wenn Ihnen der ICE zu teuer ist, → können Sie auch den Regio nehmen. ↘

Wir können noch ins Restaurant gehen, → weil wir eine halbe Stunde Zeit haben. ↘

Schade, → dass ihr schon gehen müsst. ↘

Es war schön, → dass wir uns wieder mal gesehen haben. ↘

A 13 1.45
a) Hören Sie.
b) Sprechen Sie.

Am Kiosk

- ● Bitte geben Sie mir ein Pfund Äpfel!
- ○ Gerne. Möchten Sie sonst noch was?
- ● Ja, eine Flasche Wasser.
- ○ Bitte schön, das macht dann vier Euro.
- ● Hier sind fünf Euro.
- ○ Und ein Euro zurück.

Im Abteil

- ● Unser Zug hat wieder mal Verspätung.
- ○ Stimmt, ungefähr 15 Minuten.
- ● Ich muss nämlich in Hannover umsteigen.
- ○ Wie viel Zeit haben Sie denn in Hannover?
- ● 19 Minuten.
- ○ Dann müssen Sie sich aber beeilen.

A 14
a) Markieren Sie die Satzakzente.
b) Hören Sie zur Kontrolle. 1.46
c) Lesen Sie.

Ein Gedicht lesen – rhythmisch sprechen

Spur im Sand *von Hans Baumann*
Ging da ein Weißer,
ein Schwarzer,
ein Roter?
Der Sand sagt:
Ein Mensch.

A 15 1.48
a) Hören Sie.
b) Sprechen Sie.

Schwierige Wörter aussprechen

Bahnhofshalle ↘	in der Bahnhofshalle ↘	Warten Sie in der Bahnhofshalle! ↘
Fahrkartenautomat ↘	der Fahrkartenautomat ↘	Wo ist denn der Fahrkartenautomat? ↘
Bushaltestelle ↘	zur Bushaltestelle ↘	Ich möchte zur Bushaltestelle. ↘

A 16 1.49
Sprechen Sie.

Adjektive: Komparativ (prädikativ)

A 17
a) Markieren Sie die Adjektive.

- ● ... Augenblick, ja, da sind Sie um 10 in Zürich.
- ○ Und der ICE? Ist der ICE nicht schneller?
- ● Ja sicher. Der ICE ist schneller als der Regio. Aber der ist auch teurer. Da kommen Sie eine halbe Stunde früher an.

Bahnhöfe in Großstädten sind heute mehr als nur Treffpunkt. Sie sind innen größer als die alten Bahnhöfe.

b) Ergänzen Sie die Adjektiv-Formen in der Übersicht.
→ Ü 15

Positiv	Komparativ
schnell	*schneller*
früh	______
teuer	⚠ *teurer*
groß	______

Regel Ergänzen Sie.

Adjektiv: Komparativ

Adjektiv + „-______"

Bei kurzen Adjektiven a, o, u → ______

groß – *größer* alt – ______ kurz – ______

⚠ **gut – besser** **viel – mehr** **gern – lieber**

Vergleich

A 18
a) Markieren Sie den Vergleich.

Der ICE ist genauso lang wie der Regio.

Der ICE ist schneller als der Regio.

b) Ergänzen Sie.
c) *Ihre* Sprache?
→ Ü 16 – 17

Der ICE ist teur*er* ______ der Regio

und er ist schnell__ ______ der Regio.

Viele Waren im Einkaufszentrum sind ______

teuer ______ im Bahnhof.

Satz: etwas begründen mit „weil“ oder „denn“

Ich bin gern unterwegs, weil ich gern Menschen treffe.
Wir reisen nicht mehr gern, weil es keinen Spaß macht.

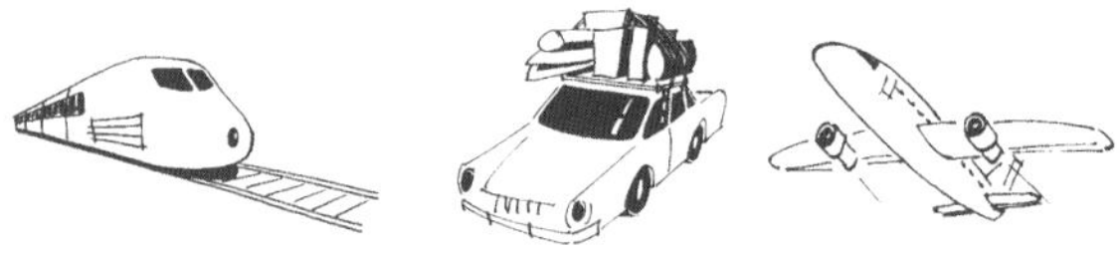

A 19
a) Unterstreichen Sie „weil“. Markieren Sie die Verben.

b) Wo steht das Verb im Nebensatz mit „weil“?

c) *Ihre* Sprache: Vergleichen Sie.

→ Ü 18 – 20

→ A1 Kapitel 10

Hauptsatz 1	*Warum?*	**Hauptsatz 2**
Ich reise viel.		Ich treffe gern Menschen.
Hauptsatz		**Hauptsatz mit „denn“**
Ich reise viel,		denn ich treffe gern Menschen.
Hauptsatz		**Nebensatz mit „weil“**
Ich reise viel,		weil ich gern Menschen treffe.
Flughäfen mag ich nicht,		weil alle Leute im Stress sind.
		Grund / Ursache

Nebensatz mit „weil“

In Nebensätzen mit „weil“ und „wenn“ und im „dass“-Satz steht das ___________ am Ende.

Regel

Ergänzen Sie.

Nebensatz vor Hauptsatz

Nebensatz			**Hauptsatz**	
Wenn	*die Leute Schmerzen*	*haben*,	*gehen*	*sie zum Arzt.*
Weil	*ich gern Menschen*			
Weil	*da alle Leute …*			
Subjunktor		**Verb**		

A 20
Erinnern Sie sich? Ergänzen Sie.

Wiederholung: Substantiv Plural

(")-e	-n	-(n)en
das Bein – die Bein**e** der Traum – die Tr**ä**um**e**	die Brücke – die Brücke**n** die Woche – die Woche**n**	die Zeitung – die Zeitung**en** die Kundin – die Kundin**nen**
(")-er	**(")□**	**-s**
das Bild – die Bild**er** das Buch – die B**ü**ch**er**	der Koffer – die Koffer die Mutter – die M**ü**tter	das Auto – die Auto**s** das Restaurant – die Restaurant**s**

A 21
Erinnern Sie sich? Machen Sie ein Lernplakat mit den Nomen im Plural.

→ A1 Kapitel 3

→ Ü 21

4 Ausbildung

In der Schule

A 1
Über Ausbildung sprechen
Sehen Sie die Fotos an und lesen Sie den Steckbrief. Was macht Eva?

A 2
Machen Sie *Ihren* Steckbrief. Vergleichen Sie.

→ Ü 1

Steckbrief

Name:	Eva Steurer
Alter:	18 Jahre
Schule:	Höhere Fachschule für Tourismus und Wirtschaft in Bregenz
Abschluss:	Matura und Ausbildung zur Hotelkauffrau und Serviererin
Meine Lieblingsfächer sind:	Französisch, Spanisch, Biologie und Praxis
Ich habe diese Hobbys:	Violine spielen, Musik hören, Reisen, Internet surfen
Das mag ich sehr:	Ferien
Das mag ich gar nicht:	Ferienende
Das nervt mich:	Wenn ich mich in der Schule langweile
Meine Lieblingsbücher sind:	„Der Name der Rose" und „Brief an den Vater"
Das macht mir Freude:	Lange durch fremde Städte spazieren
Das möchte ich werden:	Reisejournalistin

1.50

A 3
Tagesablauf
a) Hören und notieren Sie.

→ Ü 2

b) Was macht Eva, was machen Sie?
c) Machen Sie ein Interview.

● Eva, wie sieht ein typischer Schultag aus?
○ Der Unterricht fängt um acht an. Mein Bus fährt um Viertel vor sieben. Ich bin dann um halb acht in Bregenz. Und dann muss ich noch zehn Minuten zu Fuß gehen.
● Wann musst du aufstehen?
○ Um sechs. Das ist manchmal ein echtes Problem für mich.
● Um sechs? Das ist aber früh. Und wie lange hast du Schule?
○ Zweimal pro Woche bis halb zwei, und dreimal bis fünf Uhr. Wir haben jetzt, im letzten Schuljahr, 35 Stunden pro Woche.
● Welche Fächer hast du?
○ Deutsch, Mathematik, Sprachen und und und. Wir machen ja die Matura. Und dann haben wir noch wirtschaftliche und praktische Fächer wie Kochen und Servieren.

Das Praktikum

Ich habe in diesem Jahr mein Praktikum in der französischen Schweiz gemacht. Ich wollte in einem anderen Land leben und neue Leute treffen.

Mit der fremden Sprache hatte ich anfangs Probleme. Ich habe vieles nicht verstanden und konnte kaum mit den neuen Kollegen sprechen. Einige Kollegen haben mit mir Deutsch gesprochen. Sie haben mir geholfen. Andere haben Französisch gesprochen, aber langsam und deutlich. So konnte ich mein Französisch schnell verbessern.

Ich hatte auch viele Kollegen aus Afrika, aus arabischen Ländern und aus Asien. Wir hatten am Anfang keine gemeinsame Sprache. Wir haben uns mit Händen und Füßen unterhalten.

In diesem Praktikum habe ich gelernt, dass es in einem guten und teuren Hotel nur ein Motto gibt: „Der Gast ist König". Das war für mich als Praktikantin nicht immer angenehm. Aber ich musste immer freundlich bleiben. Dann habe ich immer an den – sehr guten – Lohn gedacht. Die Arbeit war nicht besonders interessant. Aber eines ist mir klar geworden: Beim Arbeiten lernst du mehr als in der Schule.

A 4
Einen kurzen Bericht verstehen
a) Suchen Sie Informationen.

Sprache
Arbeit

→ Ü 3

b) Waren Sie schon mal im Ausland? Erzählen Sie.

A 5 1.51
Warum hat Eva diese Schule gewählt? Sammeln Sie.

→ Ü 4–5

Über Schule und Ausbildung sprechen

Wie hat ein typischer Schultag ausgesehen?	Der Unterricht hat um 8.00 Uhr angefangen. Man hatte meist bis ... Uhr Schule.
Wann musstest du aufstehen?	Ich musste um 6.00 Uhr aufstehen.
Wie lange hattest du Schule?	Zweimal pro Woche bis 13.30 Uhr, dreimal bis 17.00 Uhr.
Wann hast du deine Hausaufgaben gemacht?	Gleich nach der Schule.
Welche Schulen hast du besucht?	Zuerst habe ich die Grundschule in ... besucht. Dann habe ich ...
Was für eine Ausbildung machst du?	Ich mache das Abitur. Ich mache eine Ausbildung als ...

Arbeiten und studieren

A 6
Über Studium und Beruf sprechen
Lesen Sie. Suchen Sie Informationen.

Ausbildung
Arbeit
Studium

→ Ü 6

www.projekt-bodenschutz.de/mitarbeiter

eMail

Projekt Bodenschutz

➤ **Mitarbeiter im Projekt**

Günter Schmid, Gärtner und Biologiestudent
„Boden fasziniert mich. Nur auf einem gesunden Boden wachsen gute und gesunde Früchte. Mein Traumberuf als Kind war Bauer. Aber weil das nicht möglich war, habe ich eine Lehre als Gärtner gemacht. Seit 2002 arbeite ich in diesem Projekt mit. Ich möchte die Natur besser verstehen und habe angefangen, Biologie zu studieren."

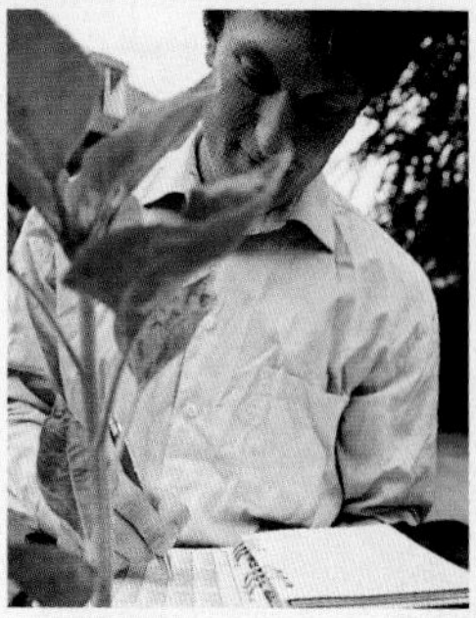

Ausbildung und berufliche Tätigkeit

seit Okt. 2003	Biologiestudium an der Heinrich-Heine-Universität Düsseldorf
seit 2002	Arbeit als Gärtner im Projekt „Bodenschutz"
1999 – 2001	Gärtnerlehre Gärtnerei Siebert, Düsseldorf Abschluss: Gesellenprüfung
1998 – 1999	Zivildienst
1989 – 1998	Goethe-Gymnasium Düsseldorf Abschluss: Abitur
1985 – 1989	Grundschule Ratingen

Persönliche Daten
Geburtsdatum
16.04.1979
Geburtsort
Düsseldorf
Familienstand
ledig

1.52

A 7
a) Was sagt Günter Schmid?

Studienfach
Geld

b) Welche Tipps gibt Herr Schmid?

→ Ü 7 – 8

● Herr Schmid, Sie sind Gärtner und Sie studieren. Was für eine Ausbildung haben Sie gemacht?
○ Zuerst war ich im Gymnasium. Aber ich war kein guter Schüler. Mit 15, 16 Jahren wollte ich mit der Schule aufhören. Ich hatte keine Lust mehr. Aber meine Eltern wollten, dass ich Abitur mache.
● Und nach dem Abitur sind Sie Gärtner geworden?
○ Ich hatte genug von der Schule und vom Lernen. Weil ich arbeiten wollte, habe ich eine Lehre gemacht.
● Aber jetzt studieren Sie ja doch?
○ Ja, das ist etwas anderes. Ich arbeite und ich studiere. Ich habe eine tolle Arbeit, in und mit der Natur. Ich weiß genau, dass Biologie das Richtige für mich ist.

A 8
Berichten Sie über Ihre Arbeit oder Ihr Studium.

Über Ausbildung und Arbeit sprechen

Was machen Sie?	Ich bin ...
Wo arbeiten Sie?	Ich arbeite bei der Firma ...
Wo studieren Sie?	Ich studiere an der Universität in ...
Besuchen Sie gern Vorlesungen und Seminare?	Vorlesungen habe ich nicht so gern. Ich mag lieber Seminare.
Seit wann arbeiten Sie an diesem Projekt mit?	Seit 2002.
Macht Ihre Arbeit Spaß?	Ja, meist.
Wie finanzieren Sie Ihr Studium?	Ich arbeite 20 Stunden pro Woche.

Hören: auf Zeitsignale achten

www.mirna.jukic.at

eMail

Mirna Jukic

Geboren:	9. April 1986 in Vukovar, Kroatien
Wohnort:	Wien
Größe, Gewicht:	1,77 m, 61 kg
Beruf:	Schülerin am Sportgymnasium Brigittenau, Wien
Hobbys:	Musik, Inline-Skaten, Volleyball
Trainer:	Zejlko Jukic (Vater)
Ziel:	Medaille bei den olympischen Spielen
Erfolge:	2003 Europameisterschaften im Schwimmen 1. Platz (Gold) 200 m Brust, 3. Platz 100 m Brust 2002 Weltmeisterschaften im Schwimmen 3. Platz 200 m Brust, Europameisterschaften 1. Platz (Gold) 200 m Brust 2001 Europameisterschaften 2. Platz 200 m Brust, 2. Platz 100 m Brust Österreichs **Sportlerin des Jahres 2002**

A 9 (1.54)

a) Welche Informationen hören Sie? Markieren Sie.

- ☐ im Jahr 1999
- ☐ 2002
- ☐ ein Jahr später

- ☐ zuerst
- ☐ nach einiger Zeit
- ☐ am Schluss

- ☐ vor der Schule
- ☐ beim Training
- ☐ nach der Schule

b) Was hören Sie? Kreuzen Sie an. (1.54)

→ Ü 9

Zwischen Sprachen vermitteln

A 10

Dawitt spricht kein Deutsch. Helfen Sie: Vermitteln Sie in Ihrer Sprache.

→ Ü 10

- ● Hast du heute Abend frei?
- ○ Äh?
- ■ Dawitt spricht kein Deutsch. Kann ich euch helfen?
- ● Ja, sag ihm, wir gehen heute weg. In der alten Fabrik ist ein Konzert mit einem tollen DJ aus Afrika. Er kann gerne mitkommen.
- ■ Dawitt, ...

- ● Können Sie bitte Dawitt sagen, dass er morgen nicht frei haben kann. Es gibt so viel Arbeit, wir brauchen alle Leute. Wenn er morgen arbeitet, kann er aber am Dienstag frei haben.
- ○ Dawitt, ...

4

Stundenplan und Fächer

1.55

A 11
a) Hören Sie und ergänzen Sie die Fächer.
b) Welche Fächer mögen Sie?

→ Ü 11

Zeit	Montag	Dienstag	Mittwoch	Donnerstag	Freitag
08.00 – 08.50	*Geographie*	*Deutsch*	________	*Kunst*	________
08.55 – 09.45	*Mathematik*	*Chemie*	________	*Kunst*	________
09.50 – 10.40	*Englisch*	*Musik*	________	*Englisch*	________
11.00 – 11.50	*Geschichte*	*Biologie*	________	*Physik*	________
11.55 – 12.45	*Deutsch*	*Mathematik*	________	*Sport*	________

Schule und Studium

A 12
a) Wie heißt das in Ihrer Sprache? Schreiben Sie.
b) Welche Schule besucht man wann bei Ihnen? Erzählen Sie.

Kindergarten → Grundschule → Hauptschule → Gymnasium → Universität

____

A 13
Was passt? Ordnen Sie zu.

→ Ü 12 – 13

Abitur machen • Prüfungen machen • eine Arbeit schreiben • die erste Fremdsprache lernen • ein Studium beginnen • studieren • eine Ausbildung machen • ein Praktikum machen • ein Fach wählen • lesen lernen • malen • das Zeugnis bekommen • Noten bekommen • ruhig sitzen • schreiben lernen • ein Seminar besuchen • singen • spielen • einen Test schreiben • eine Vorlesung besuchen • arbeiten • einen Kurs besuchen • Ferien haben

Kindergarten				
spielen, malen				

A 14
a) Machen Sie „Wort-Ketten", jede/jeder sagt ein Wort.
b) Schreiben Sie mit den Wörtern eine Geschichte.

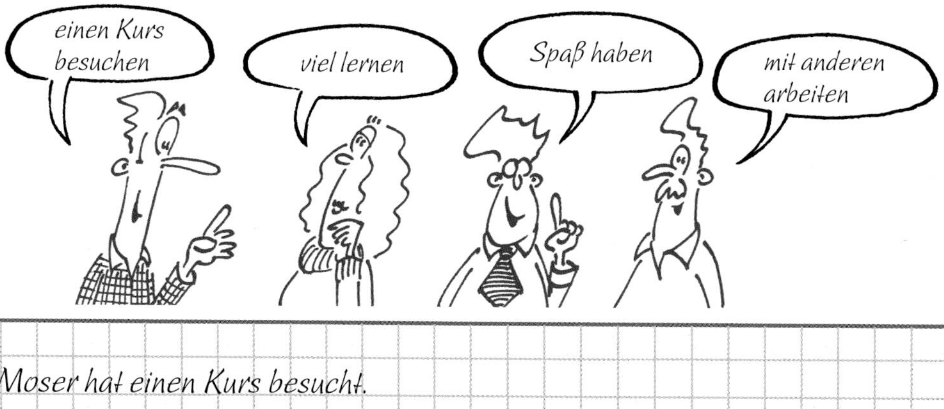

Max Moser hat einen Kurs besucht.

Konsonanten: f, ff, ph, v, w

[f] — anfangen, Kaffee, vier, Philosophie

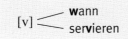

[v] — wann, servieren

A 15 (1.56)
a) Hören Sie.
b) Sprechen Sie.

Sie lesen/schreiben:	**Sie hören/sprechen:**
treffen, Kaffee	tre[f]en, Ka[f]ee
phantastisch, Physik	[f]antastisch, [f]ysik
viel, Vorname	[f]iel, [f]orname
servieren, Vitamin	ser[v]ieren, [v]itamin

ff Die Schule öffnet um acht. ↘ In der Pause treffen wir uns zum Kaffee. ↘
ph Die Physikstunde war phantastisch. ↘ Jetzt kommt Geographie. ↘
v Der Vorname von meiner Freundin ist Eva. ↘ Ich sehe sie in einer Viertelstunde. ↘
v Sie ist Serviererin → und spielt Violine. ↘

A 16 (1.57)
Sprechen Sie leise mit.

[v] oder [f]? Das Wörterbuch hilft.

Einen Text lesen – Akzente setzen

Liebe Karin!
Ich schreibe dir aus der Schweiz. Du weißt ja, dass ich hier mein Praktikum mache. Die Leute sind sehr nett zu mir. Am Anfang konnte ich sie nicht gut verstehen. Sie sprechen hier nämlich Französisch. Aber jetzt geht es schon besser mit der Sprache. Auch mit einigen Kollegen spreche ich Französisch. Ich arbeite in einem Spitzenhotel. Hierhin kommen Leute aus der ganzen Welt. Man muss immer freundlich zu allen sein, auch wenn man sie nicht sympathisch findet. Das ist nicht immer leicht. Aber ich lerne hier sehr viel. Und mit dem Lohn kann ich gut leben. Die Arbeit im Hotel ist viel interessanter als die Schule.
Schreib mir doch mal, wie es dir geht.

Mit herzlichen Grüßen
deine Eva

A 17
a) Markieren Sie in jedem Satz den Satzakzent.
b) Hören Sie (1.58) zur Kontrolle.
c) Lesen Sie laut.

Verstärker sprechen

Eva muss eine schwere Prüfung machen. ↘	Eva muss eine schwere Prüfung machen. ↘
Sie spielt gerne Violine. ↘	Sie spielt gerne Violine. ↘
Sie findet Französisch ziemlich schwierig. ↘	Sie findet Französisch ziemlich schwierig. ↘
Aber sie macht schnell Fortschritte. ↘	Aber sie macht schnell Fortschritte. ↘

A 18 (1.59)
a) Hören Sie.
b) Sprechen Sie.

Adjektive: Deklination nach unbestimmtem Artikel

A 19
a) Markieren Sie Artikelwörter und Adjektive.

- ● Eva, wie sieht ein typischer Schultag aus?
- ○ Ich muss um 6.00 Uhr aufstehen. Das ist manchmal ein echtes Problem für mich ...
- ● Und deine Klasse? Wie findest du die?
- ○ Super. Zwei Mitschüler sind gute Freunde.

Eva beschreibt einen typischen Schultag. Sie hat ein echtes Problem: Sie muss um 6.00 Uhr aufstehen. Ihre Klasse findet sie super. Sie hat gute Freunde in der Klasse.

b) Ergänzen Sie. Markieren Sie das Kasus-Signal und machen Sie Pfeile.

Nominativ		Akkusativ	
der Schultag	*ein typischer Schultag*	den Schultag	___
das Problem	___	das Problem	___
die Klasse	*eine nette Klasse*	die Klasse	*eine nette Klasse*
die Freunde	☐ ___	die Freunde	☐ ___

c) Markieren Sie „ein-“ und die Adjektive im Dativ. Wie ist die Adjektiv-Endung?

Dativ

Ich wollte in einem anderen Land mit einer anderen Sprache leben. Ich hatte auch viele Kollegen aus Afrika, aus arabischen Ländern und aus Asien. In diesem Praktikum habe ich gelernt, dass es in einem guten und teuren Hotel nur ein Motto gibt: „Der Gast ist König“.

Deklination nach unbestimmtem Artikel

d) Ergänzen Sie.

➜ Ü 14 – 15

Singular	maskulin	neutrum	feminin	Plural
Nominativ	*ein typischer* Schultag der	*ein typisch*___ Problem das	*eine nette* Klasse die	☐ *nette* Freunde die
Akkusativ	einen typischen Schultag den	___ Problem das	___ Klasse die	☐ ___ Freunde die
Dativ	mit einem neuen Kollegen dem	in ___ ander___ Land dem	mit ___ ander___ Sprache der	aus ☐ ander___ Ländern den

⚠ Adjektiv nach „kein, keine“ ➜ Deklination wie nach dem unbestimmten Artikel „ein, eine“.
Wir hatten am Anfang **keine gemeinsame** Sprache.

Adjektive: Deklination nach bestimmtem Artikel

Nominativ

- ● Sieh mal, der grün_e_ Rock! Meinst du, der steht mir?
- ○ Und das schwarz___ Kleid?
- ● Ich weiß nicht. Vielleicht ist die schwarz____ Hose besser?

Akkusativ

- ● Guten Tag. Ich möchte den grau____ Anzug anprobieren.
- ○ Da drüben in der Kabine, bitte.
- ● Moment mal. Ich probiere lieber mal die grau___ Hose und das weiß___ Hemd ...
- ○ Gerne, ich bringe Ihnen die neu___ Sachen.

A 20

a) Erinnern Sie sich? Ergänzen Sie die Endungen.

➜ A1 Kapitel 11

➜ Ü 16 – 17

Dativ

Ich habe in diesem Jahr mein Praktikum in der französischen Schweiz gemacht.

Mit der fremden Sprache hatte ich anfangs Probleme. Ich habe vieles nicht verstanden und konnte kaum mit den neuen Kollegen sprechen.

Wo?
„in"
Dativ

„mit" + Dativ

b) Markieren Sie Artikelwörter und Adjektive im Dativ.

Deklination nach bestimmtem Artikel

Singular	maskulin	neutrum	feminin	Plural
Nominativ	Das ist der grün_e_ Rock.	Hier ist das rot__ Kleid.	Hier ist die schwarz__ Hose.	Hier sind die neu____ Sachen.
Akkusativ	Nimm den grau____ Anzug.	Nimm das weiß__ Hemd.	Nimm die schwarz__ Hose.	Nimm die neu____ Sachen.
Dativ	Hilf bitte dem neu____ Schüler.	Hilf bitte dem klein____ Kind.	Hilf bitte der neue____ Schülerin.	Hilf bitte den neu____ Schülern.

c) Ergänzen Sie die Endungen.

➜ Ü 18 – 19

Berliner Luft

A 1
Eine Stadt kennen lernen
a) Sehen Sie die Fotos und die Karte an. Was wissen Sie über Berlin?

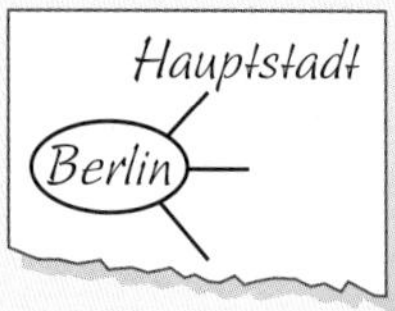

→ Ü 1

Brandenburger Tor

Potsdamer Platz

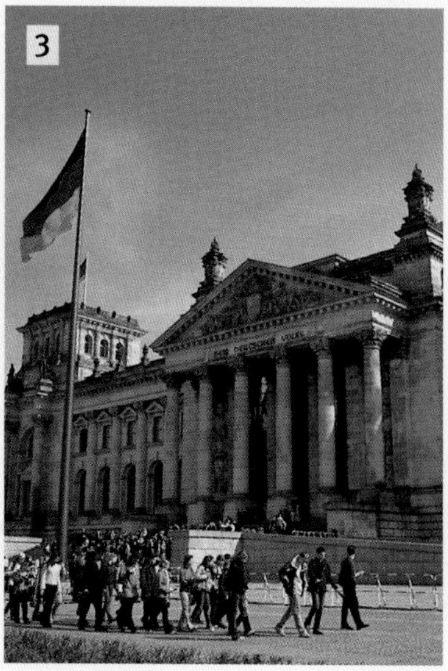

Reichstag

b) Lesen und ergänzen Sie.

→ Ü 2

Irene Wagner aus Konstanz ist mit ihrem Freund Jan Colar aus Prag nach Berlin gefahren.
Die beiden sind zum ersten Mal in der Hauptstadt. Jan möchte die neue Architektur am Potsdamer Platz sehen. Irene will ganz viele Sehenswürdigkeiten besuchen.
Am ersten Tag gehen sie zu Fuß durch die Innenstadt.

A 2
a) Lesen Sie: Was haben Irene und Jan gesehen?

1.60 b) Wohin gehen Irene und Jan – und wie?

zu Fuß / Bahn

→ Ü 3

- ● Was machen wir jetzt?
- ○ Erst mal eine Pause! Bitte denk an meine Füße. Wir sind bestimmt schon 50 Kilometer gelaufen.
- ● Quatsch! Wir waren erst am Brandenburger Tor und jetzt am Hackeschen Markt ...
- ○ ... und auf dem Reichstag. Erinnerst du dich?
- ● Tja, mein Schatz, Berlin ist eben größer als Konstanz. Wir können eine Stadtrundfahrt machen. Oder hast du Lust auf eine Bootsfahrt? Auf der Spree kann man durch das alte Stadtzentrum fahren.
- ○ Ich weiß nicht. Gehen wir lieber ins Museum.
- ● In welches?
- ○ Ich schau mal im Stadtplan. Die Museumsinsel ist ganz in der Nähe. Die liegt gleich neben dem Hackeschen Markt.
- ● Und was gibt es da?
- ○ Da sind mehrere Museen. Oder wir gehen ins Historische Museum.
- ● Mir ist es egal. Was magst du?
- ○ Dich und Berliner Luft!
  Das ist die Berliner Luft, Luft, Luft,
  so mit ihrem holden Duft, Duft, Duft ...

A 3
Vorschläge machen
Eine Tour durch Berlin: Spielen Sie.

→ Ü 4

An der Mauer

Mauerreste

Hackesche Höfe

9.11.1989

A 4
Stadtgeschichte verstehen
Welche Informationen finden Sie zu Foto 4 und 6 im Dialog?

Wann …?
Wie lange …?

→ Ü 5

- ● Wo sind wir?
- ○ Ich weiß nicht.
- ● Was ist das?
- ○ Vielleicht Reste von der Berliner Mauer?
- ● Das glaube ich nicht. Komm, wir fragen den Mann dort.
- ○ Ja, das ist sicher kein Tourist. Entschuldigung, darf ich Sie etwas fragen? Sind das hier Reste von der Berliner Mauer?
- ■ Ja, genau! Sehen Sie die Linie auf der Straße? Hier war die Mauer und hat Berlin in Ost und West geteilt.
- ○ Habe ich Sie richtig verstanden, die Mauer hat die ganze Stadt geteilt?
- ■ Ja, fast dreißig Jahre, von 1961 bis 1989. Die Maueröffnung am 9. November 1989 war für uns DDR-Bürger wie ein Wunder.
- ● Dann haben Sie damals in der DDR gelebt?
- ■ Ja! In Ostberlin, am Prenzlauer Berg.
- ● Sie sagten, die Maueröffnung war wie ein Wunder. Was ist damals passiert?
- ■ Diesen Tag vergesse ich nie! Das war der schönste Tag in meinem Leben. Wenn es Sie interessiert, erzähle ich Ihnen, wie das war.
- ● Ja, gerne! Ich kann mich nicht erinnern. Ich war damals noch keine 10 Jahre alt.

A 5 (1.61)
Über einen wichtigen Tag sprechen
Was hat Ralf Gerlach am 9.11.89 gemacht? Notieren und erzählen Sie.

19 Uhr /
23 Uhr / 1 Uhr

→ Ü 6 – 7

Vorschläge machen

Was machen wir jetzt?	Wir können eine Stadtrundfahrt machen.
Oder hast du Lust auf eine Bootsfahrt?	Gute Idee! / Mir ist es egal.
Ich weiß nicht. Gehen wir lieber ins Museum.	O.k., zuerst gehen wir ins Museum und dann …
Prima! Danach besuchen wir …	Einverstanden!
Und am Nachmittag …	Nein, auf keinen Fall!

Von einem wichtigen Tag erzählen

Ralf Gerlach:	**Ich:**
Das war am 9. November 1989.	Das war am …
Er hat um 19 Uhr die Nachricht gehört.	Ich habe um … Uhr …
Zuerst ist er zur Grenze gefahren.	Zuerst bin ich …

A 6
Erzählen Sie von einem wichtigen Tag.

→ Ü 8

Potsdamer Platz

1930

1974

2003

A 7
Eine Beschreibung verstehen
a) Ordnen Sie die Fotos den Textabschnitten zu.

b) Lesen Sie noch einmal und ordnen Sie die Jahreszahlen zu.

→ Ü 9 – 10

Potsdamer Platz

... In den dreißiger Jahren gab es hier viele Hotels, Cafés, Restaurants, Kaufhäuser und viel Verkehr!
Am Potsdamer Platz war die erste Verkehrsampel in Deutschland.
Nach dem Zweiten Weltkrieg war die ganze Gegend zerstört. Die Sieger England, Frankreich, USA und die Sowjetunion teilten Berlin in vier Teile.
Seit der Gründung der Bundesrepublik und der DDR gab es in Deutschland zwei Staaten.

Weil viele DDR-Bürger in den Westen flohen, baute die DDR-Regierung eine Mauer um Westberlin. Die Mauer teilte auch den Potsdamer Platz. Im Westen konnte man von einem Turm über die Mauer in den Osten sehen.
Nach der Wiedervereinigung kauften Investoren das Land am Potsdamer Platz. Viele berühmte Architekten aus der ganzen Welt kamen nach Berlin und haben hier das „alte Zentrum“ neu gestaltet.

1939–45	Zweiter Weltkrieg
1945	Ende des 2. Weltkriegs Berlin in 4 Sektoren geteilt
Mai 1949	Gründung der Bundesrepublik Deutschland
Oktober 1949	Gründung der DDR
13.8.1961	Beginn des Mauerbaus
9.11.1989	Maueröffnung
3.10.1990	Wiedervereinigung der beiden deutschen Staaten
2002	Ende der Bauarbeiten am Potsdamer Platz

A 8
Von einem Ort erzählen
Erzählen Sie von einem Platz, ... in Ihrer Stadt.

→ Ü 11

Von einem Ort erzählen

Ein bekannter Ort in meiner Stadt ist ...
Die Straße ist berühmt, weil ...
In den dreißiger Jahren war ...
Von ... bis ... gab es ...
Seit ... gibt es ...

Früher war hier ...
Nach dem Krieg ...
Als Kind habe ich hier ...

Mit dem Wörterbuch arbeiten

Reichstag

Der Reichstag als Kunstwerk

Die Glaskuppel im Reichstag

Nach dem Zweiten Weltkrieg war das Gebäude stark zerstört. In den sechziger Jahren baute man den Reichstag wieder auf. Nach der Wiedervereinigung brauchte man einen Ort für den Bundestag in Berlin. Der britische Architekt Sir Norman Foster entwickelte die Pläne für den Ausbau. 1995 machten die Künstler Christo und Jeanne-Claude aus dem Reichstag ein Kunstwerk. Die Bilder gingen um die Welt. Seit 1999 ist der Deutsche Bundestag im Reichstagsgebäude. Hier arbeiten die Abgeordneten aus allen Parteien. Sehr beliebt ist das Glasdach. Das kann man als Tourist besuchen ...

Substantiv
Gebäude → Gebäude
Weltkrieg → Welt, Krieg

Verb
zerstört → zerstören
brauchte → brauchen

die sechziger Jahre	*the sixties*
das Gebäude	*building*
Weltkrieg	*world war*

A 9
a) Lesen Sie und markieren Sie unbekannte Wörter.

b) Schreiben Sie eine Liste: Substantiv, Verb, ...

c) Notieren Sie das Suchwort und schlagen Sie im Wörterbuch nach.

→ Ü 12 – 13

Hören: Notieren – ordnen – schreiben

Warschau, Altstadt

A 10 1.62
a) Hören Sie und notieren Sie Stichwörter.

1. Notieren →

Polen – letztes Jahr
Krakau und Warschau
Altstadt
schöne Plätze, bunte Häuser, ruhige Höfe

2. Ordnen →

Wer? Jan
Wo? Krakau, Warschau
Wann? letztes Jahr
Was? besuchen

3. Schreiben

Jan hat letztes Jahr Krakau und Warschau besucht. Er war in ...
Dort gibt es viele schöne ...

b) Ordnen Sie die Stichwörter.
c) Schreiben Sie einen Text.

→ Ü 14

Ein Stadt-Plakat

A 11
a) Machen Sie *Ihr* Berlin-Plakat.
b) Machen Sie ein Plakat zu Ihrer Stadt.
c) Hängen Sie die Plakate auf. Raten Sie: Welche Stadt ist das?
→ Ü 15

Berlin:

Geschichte:
1949: Teilung in Ost und West
1961: Mauerbau
1989: Maueröffnung
1991: ...
Personen:
3,4 Millionen Einwohner
Gebäude:
der Reichstag, der Fernsehturm ...
Orte:
die Museumsinsel, der Tiergarten, ...
Straßen:
der Kudamm, Unter den Linden, ...
Landschaft: ...

Bekannte Personen: ...

Essen und Trinken: ...

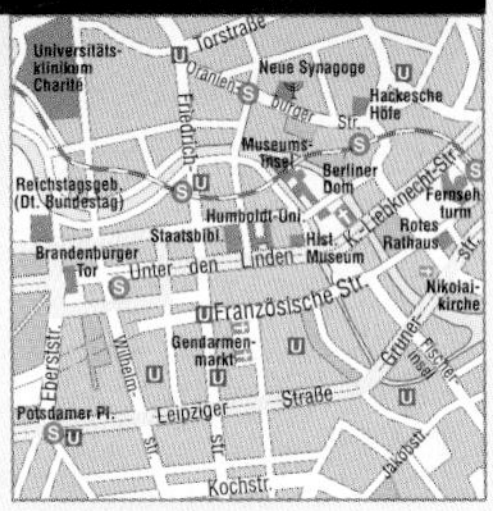

Staat und Politik

A 12
a) Welche Überschrift passt zu welchem Text? Notieren Sie.

1 Bürgerkrieg nach den Wahlen

2 **Neue Umwelt-Gesetze**

3 **Die Naturkatastrophe wird schlimmer**

4 **Staatsbesuch beim Königspaar**

5 Kein neuer Friedensvertrag in Sicht

b) Unterstreichen Sie wichtige Wörter und machen Sie eine Mind-map zu Politik, Umwelt, ...

1.63 c) Welche Meldung passt zu welchem Zeitungsartikel?
→ Ü 16 – 18

A ____________________

Bei der Umweltkonferenz haben Politiker und Politikerinnen aus allen Parteien nach Lösungen für die aktuellen Probleme gesucht. Die Grünen kritisieren die schwachen Regeln im Emissionshandel. „Wenn wir nicht bald vernünftige Gesetze machen, gibt es eine Katastrophe! Die Luftverschmutzung wird immer schlimmer – aber wir kämpfen weiter!“

B ____________________

Bei seinem Staatsbesuch hat der Präsident führende Politiker und Regierungsvertreter getroffen. In Gesprächen über Politik, Kultur und Wirtschaft diskutierte man vor allem über zwei Themen: Gegenseitige Hilfe und Frieden in der Welt. Zum Abschluss seiner Reise hat der Präsident auch den König und die Königin besucht.

C ____________________

Die aktuelle Lage ist ernst. Vor allem in der Hauptstadt ist die Situation gefährlich: Die Armee schießt auf Demonstranten. Die demokratischen Parteien sprechen von unfairen Wahlen. Die alte Regierung ist geflohen. Die Not in der Bevölkerung ist groß, denn es gibt kein Wasser und keine Nahrungsmittel. Niemand weiß, wie lange die Krise noch dauert.

Kontrastakzent

A 13 (CD 1.66)
Hören Sie und sprechen Sie.

- ● Fahren Irene und Jan nach München?
- ○ Nein, sie fahren nach Berlin.
- ● Fahren sie mit dem Auto?
- ○ Nein, mit dem Zug.
- ● Wohnen sie bei Freunden?
- ○ Nein, im Hotel.
- ● Machen sie eine Bootsfahrt?
- ○ Nein, sie gehen ins Museum.

A 14
a) Ergänzen Sie.
b) Sprechen Sie.

Steht der Reichstag **vor** dem Brandenburger Tor?	Nein, **neben** dem Brandenburger Tor.
War der Mauerfall **1990**?	Nein, ____________
Kann man auf dem **Rhein** durch Berlin fahren?	Nein, ____________

Murmelvokal [ɐ]

A 15 (CD 1.67)
a) Hören Sie.
b) Sprechen Sie.

Er steht vo**r** dem Brandenburg**er** To**r**. **Er** ist neugierig auf die neue Architektu**r**.
Sie besuchen die Berlin**er** Mau**er** am Potsdam**er** Platz.
Sie haben den Weg v**er**gessen und sich im V**er**keh**r** v**er**laufen.

A 16
Was ist richtig? Kreuzen Sie an.

„r" nach	☐ langem ☐ kurzem	Vokal spricht man als [ɐ].
„r" am	☐ Anfang ☐ Ende	von Wörtern oder Vorsilben spricht man als [r].

A 17
a) Lesen Sie laut.
b) Hören Sie zur Kontrolle. (CD 1.68)

Irene / Wagner / Hannover	Irene Wagner kommt aus Hannover.
bekannter / dreißiger / Jahre	Das ist ein bekannter Platz aus den dreißiger Jahren.
Architektur / Potsdamer	Ich mag die Architektur am Potsdamer Platz.
für	Eine Pause für meine Füße!
Reise / Reiseführer	Sie machen eine kleine Reise mit dem Reiseführer.
hier / Reste / Berliner / Mauer	Hier sind die Reste von der Berliner Mauer.

Schwierige Wörter aussprechen

A 18 (CD 1.69)
Sprechen Sie.

Hauptstadt ↘	in der Hauptstadt ↘	Wir wohnen in der Hauptstadt. ↘
Museumsinsel ↘	auf der Museumsinsel ↘	Wir sind jetzt auf der Museumsinsel. ↘
Sehenswürdigkeiten ↘	sind Sehenswürdigkeiten ↘	Das sind Sehenswürdigkeiten. ↘

Wiederholung: Präpositionen

A 19 a) Markieren Sie Präpositionen und Kasus-Endungen. b) „Dativ“ oder „Akkusativ“? Ergänzen Sie.

➜ Ü 19

Präpositionen mit Dativ, Präpositionen mit Akkusativ

Jan ist mit seiner Freundin Irene seit drei Tagen in Berlin. Vom Hotel fahren sie zum Potsdamer Platz. Architekten aus der ganzen Welt haben den Platz neu gestaltet. Nach drei Stunden sind Jan und Irene müde.

Präpositionen mit ________________

Jan und Irene sind bis nächsten Montag in Berlin. Jan will nicht ohne seine Freundin spazieren gehen. Irene hat nichts gegen einen Spaziergang, aber ihre Füße … . Jetzt gehen Jan und Irene durch einen Park.

Präpositionen mit ________________

Wechselpräpositionen

A 20 a) Was passt? Ergänzen Sie die Zahlen im Bild 1 oder 2.

➜ Ü 20 – 21

1. Jan legt das Brot zwischen die Teller. **2.** Die Tomaten liegen in der Schüssel. **3.** Das Brot liegt zwischen den Tellern. **4.** Jan ist am See. **5.** Die Messer legt er auf die Teller. **6.** Irene geht an den See. **7.** Die Tomaten legt er in die Schüssel. **8.** Die Messer liegen auf den Tellern.

1

2

b) Ergänzen Sie.

unter • vor • neben • hinter • hinter • vor • unter • neben

1. Irene geht *neben das Tor.*
2. Sie rennt ________________
3. Sie läuft ________________
4. Irene kommt ________________
5. Irene steht *neben dem Tor.*
6. Sie steht ________________
7. Sie ist ________________
8. Sie ist ________________

Wechselpräpositionen

Position/Ruhe	Richtung/Bewegung
Dativ	**Akkusativ**
Wo?	**Wohin?**
liegen,	*legen,*

A 21
Sortieren Sie die Verben aus A 20 a) und b). Schreiben Sie den Infinitiv.

➔ Ü 22

Präpositionen mit ...		
... Dativ	**... Akkusativ**	**... Dativ (wo?) oder Akkusativ (wohin?)**
aus,	*bis,*	*neben,*

A 22
Ergänzen Sie die Übersicht.

Präteritum: „kommen", „sagen", „geben" und Modalverben

In den dreißiger Jahren gab es hier viele Hotels, Cafés, Restaurants, Kaufhäuser und viel Verkehr!
Seit der Gründung der Bundesrepublik und der DDR gab es in Deutschland zwei Staaten.
Im Westen konnte man von einem Turm über die Mauer in den Osten sehen.
Viele berühmte Architekten aus der ganzen Welt kamen nach Berlin.
Sie sagten, die Maueröffnung war wie ein Wunder. Was ist damals passiert?

A 23
a) Markieren Sie die Verben.

	haben	**können**	**sagen**
ich	hatte	*konnte*	*sagte*
du	hattest		
Sie	hatten		
er/es/sie	hatte		
wir			
ihr			
Sie			
sie			

sein	**kommen**	**geben**
war	*kam*	*gab*
warst	*kam...*	
waren		
war		

b) Ergänzen Sie die Formen von „sein" und „haben" und markieren Sie die Endungen.
c) Ergänzen Sie die Tabelle.

➔ Ü 23 – 24

Modalverben: Präteritum-Endungen wie bei „können":
ich muss**te**, du muss**test**, ... ich woll**te**, ich moch**te**, ich durf**te**

Familien heute

A 1
Familien vergleichen
Was sind die Unterschiede? Sammeln Sie.

→ Ü 1

Eine richtige Familie muss mehrere Kinder haben. Unsere vier Kinder machen das Leben interessant, in jedem Alter: als Babys, im Kindergarten, in der Schule oder im Beruf. Und Kinder brauchen Zeit. Es ist nicht immer einfach mit vielen Kindern! Alle müssen im Haushalt mithelfen.
Franz (54) und Anni (50) Kunze, Eltern mit 4 Kindern

Zuerst kommt das eigene Leben und dann die Familie. Wir sind beide sehr aktiv, jeder hat Erfolg in seinem Beruf. Deshalb wollen auch beide arbeiten. Das ist auch für unsere Beziehung wichtig. Kinder? Vielleicht später. Aber jetzt haben wir keine Zeit für Kinder.
Thomas Schmidt (32) und Judith Ristic (28), berufstätiges Paar

Vater, Mutter und ein paar Kinder, das ist eine Familie. Viele Leute denken immer noch so. Wir sind zwei Frauen mit einem Baby, und wir sind auch eine Familie.
Tina Kreuzer und Daniela Mader, Stefan Kreuzer (6 Monate)

Von der Großfamilie zur Kleinfamilie

A 2
Eine Statistik lesen
a) Welche Angaben aus der Grafik finden Sie im Text?

→ Ü 2

1.70 b) Worüber sprechen die Personen? Markieren Sie in der Statistik.

→ Ü 3

A 3
Früher – heute: Was hat sich verändert? Warum?

Die Haushalte in den deutschsprachigen Ländern haben sich stark verändert. So gab es in der Schweiz vor etwa 50 Jahren mehr Haushalte mit drei oder mehr Personen. Heute bestehen die meisten Haushalte nur aus einer oder zwei Personen. In der Schweiz gibt es heute 36 Prozent Einpersonenhaushalte, im Jahr 1960 waren es nur 14 Prozent. Dagegen haben die großen Haushalte stark abgenommen. Vor etwa 50 Jahren hatte noch jeder fünfte Haushalt (21 Prozent) fünf oder mehr Personen. Heute sind nur noch sechs Prozent eine Großfamilie mit drei oder mehr Kindern.

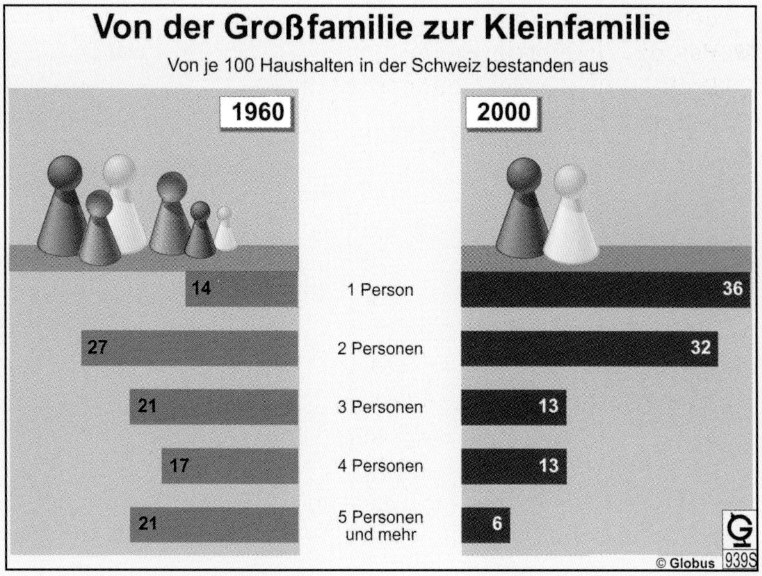

Generationen

A 4 1.71
Personen beschreiben
a) Hören Sie: Wer sind die Personen? Suchen Sie auf dem Foto.

→ Ü 4–5

1

- ● Wer steht denn da hinter dir? Ist das deine Oma?
- ○ Ja, und neben mir, das ist Katharina, meine beste Freundin.
- ● Sind deine Eltern auch auf dem Foto?
- ○ Ja, die Mama steht neben der Oma, und meinen Papa sieht man nicht gut, der steht ganz hinten, der Mann mit der Brille.
- ● Hast du keine Geschwister?
- ○ Doch, Laura ist meine Schwester, da, die mit dem Finger im Mund.
- ● Und hast du auch einen Großvater?

...

2

- ● Das ist bestimmt Ihre Familie. Wer ist denn da drauf?
- ○ Ja also, da sind meine vier Kinder mit ihren Partnern. Und natürlich sind da die Enkel, alle außer Michael. Der ist nicht auf dem Foto.
- ● Rechts von Ihnen, die Frau mit der Brille, ist das eine Tochter?
- ○ Nein, das ist die Frau von Max, meine Schwiegertochter. Aber links von mir, das ist meine Tochter, Ingrid. Und die andere Tochter ist die hier, mit dem Schal. Das ist Regina. Sie ist die Älteste.
- ● Und Ihre beiden Söhne, wo sind die? ...

b) Sammeln Sie Wörter für Verwandte.

Frauen:
Männer:

Über Familie sprechen

Ich finde, eine richtige Familie muss ... haben. Was denkst du?
Für mich gehört zu einer Familie ... . Für dich auch?
Bei uns ist es wichtig ist, dass beide Eltern arbeiten. Das ist anders als bei euch.
Bei uns heißt Familie, dass die Großeltern auch im Haus leben. Wie ist das bei euch?
Eine kleine Familie ist besser, da haben die Eltern mehr Zeit. Das finde ich ...
In meiner Familie leben ... . Ich lebe zusammen mit ... .

Wie war das früher bei euch?	Früher waren bei uns die Familien größer.
Was hat sich verändert?	Die Familien sind kleiner geworden.
Wie ist das heute?	Heute arbeiten viele Frauen in ihrem Beruf.

A 5
Über Familie sprechen
Was ist für Sie eine Familie? Diskutieren Sie.

→ Ü 6

Freunde

A 6
Beziehungen beschreiben
a) Lesen Sie: Zu welchen Fotos passen Texte? Warum?

→ Ü 7–8

b) Was machen Freunde zusammen?

Alice: Tennis ...
Lutz:
Ina:
Maria:

c) Was machen Sie mit Freunden?

A

B

C

1

Gute Freundinnen müssen sich nicht jeden Tag sehen. Aber eine Freundin ist für mich da, wenn ich sie brauche. Sara ist so eine Freundin, die immer Zeit für mich hat. Wir machen viel gemeinsam. Wir sehen uns oft, weil wir zweimal pro Woche Tennis spielen und ins Fitness-Studio gehen. Einmal haben wir auch zusammen Urlaub gemacht. Aber das war nicht so gut, da wollte jede etwas anderes machen.

Alice Reuter, 21

2

Ich habe drei gute Freunde. Volker ist der Freund, der gut zuhören kann. Ich kann mit ihm am besten über Probleme sprechen. Michael ist der Freund, der mir offen und ehrlich die Wahrheit sagt. Das ist manchmal nicht angenehm, aber notwendig. Und Ahmed ist der Freund, den ich am wenigsten sehe. Aber wenn wir uns treffen, dann haben wir viel Spaß und machen Blödsinn.

Lutz Kaufmann, 34

3

Meine Freunde in der WG sind meine Familie. Wir wohnen schon drei Jahre lang zusammen. Alina weiß genau, wenn ich sie brauche. Aber sie hat oft wenig Zeit, seit sie einen Freund hat. Das ist schade. Robert ist ein lustiger Mensch und sehr lieb. Wir streiten auch manchmal, aber das macht nichts, nachher ist alles wieder gut. Wir mögen uns sehr.

Ina Stenholm, 23

4

Nicola ist meine beste Freundin. Wir kennen uns schon 10 Jahre, und Nicola ist 20 Jahre älter als ich. Ich kann mit ihr über alles reden. Jetzt sehe ich sie aber wenig, weil sie in Spanien lebt. Wir telefonieren oder mailen oft. Aber ich habe das Gefühl, dass wir uns langsam aus den Augen verlieren.

Maria Tauber, 25

A 7
Was sind für Sie Freunde?

→ Ü 9

Beziehungen beschreiben

Was ist ein guter Freund / eine gute Freundin?	Eine gute Freundin ist eine Person, die immer Zeit für mich hat.
	Sie ist für mich da, wenn ich sie brauche.
	Wir reden miteinander über alles.
	Wir sehen uns oft, weil wir regelmäßig Tennis spielen.
Was macht ihr, wenn ihr euch trefft?	Wir haben viel Spaß und machen Blödsinn.
Wie lange kennt ihr euch schon?	Wir kennen uns schon seit 20 Jahren.
Gibt es auch Probleme?	Ja, wir streiten manchmal, aber das macht nichts.

Freunde und Bekannte vorstellen

1

2

3

4

A 8 1.73
a) Zu welchen Bildern passen die Dialoge?
b) Spielen Sie „Vorstellen".

➜ Ü 10

A

- ● Kennt ihr euch?
- ○ Nein, noch nicht.
- ● Das ist Lisa, meine Schwester, die ein paar Tage zu Besuch ist. Und das ist Johanna, eine Nachbarin und Kollegin von mir.
- ○ Ah, schön, dass ich dich einmal sehe, Lisa. Karin hat schon viel von dir erzählt.

B

- ● Kennst du die Frau da drüben, mit dem gelben Kleid?
- ○ Aber sicher, das ist Frau Born, meine Chefin.
- ● Kannst du mich mal vorstellen? Das wäre nett.
- ○ Aber sicher, komm mit. ...
  Entschuldigung, Frau Born, darf ich Ihnen Herrn Hajek vorstellen? Er interessiert sich sehr für unsere Firma.

Ein Ereignis darstellen

A 9
a) Ordnen Sie **A – E** den Fragen zu.

Was ist das?
Wann war das?
Was ist passiert?
Warum mag ich das Foto?
Wo ist das?

A

Ich habe den Pokal allen Freunden gezeigt, ich habe mich so gefreut. Und dann ist der Pokal hinuntergefallen und war kaputt.

B

Das war ein toller Tag. Ich habe in meinem Tennis-Club die Meisterschaft gewonnen.

C

Ich war da 14 Jahre alt. Ich habe zum ersten Mal mitgespielt und gleich gewonnen.

D

Das ist das einzige Foto von diesem Tag. Es war auch mein einziger Sieg im Tennis. Ich war richtig stolz. Heute finde ich das lustig.

E

Meine Mutter hat das Foto gemacht, neben dem Tennisplatz, in einem kleinen Park.

b) Sammeln Sie Stichwörter zum 2. Bild.
c) Notieren Sie zu jeder Frage einen Satz. Erzählen Sie.

A 10
Erzählen Sie von einem Ereignis. Sie können Fotos mitbringen.

➜ Ü 11

Familie und Verwandte

1.75

A 11
a) Wer kommt zum Essen? Markieren Sie.

die Enkelin — **die Enkelkind(er)** — der Enkel

der Schwiegersohn — die Tochter — **Kind(er)** — der Sohn — die Schwiegertochter

die Schwiegermutter | **die Schwiegereltern** | der Schwiegervater

die Frau / die Freundin | **die Partnerin / der Partner** | der Mann / der Freund

ICH

die Schwester | **die Geschwister** | der Bruder

die Nichte | die Cousine | **Kind(er)** | der Neffe | der Cousin

die Tante | **die Geschwister** | der Onkel — die Mutter / die Mama — **die Eltern** — der Vater / der Papa — die Tante | **die Geschwister** | der Onkel

die Großmutter / die Oma — **die Großeltern** — der Großvater / der Opa

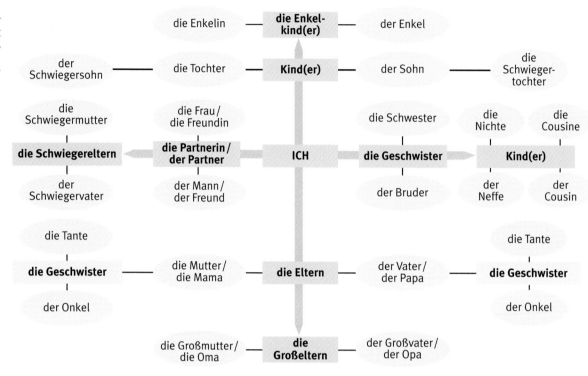

b) Hören Sie noch einmal. Wer macht was? Notieren Sie.

Vater: kochen
Mutter:

→ Ü 12 – 13

im Bett liegen • Klavier spielen • kochen • putzen • schlafen • sich treffen
um 10.00 Uhr kommen • reden • um 9.00 Uhr kommen • vor der Tür bleiben • zu fressen bringen

Beziehungen

A 12
Zeichnen Sie auf ein Blatt.

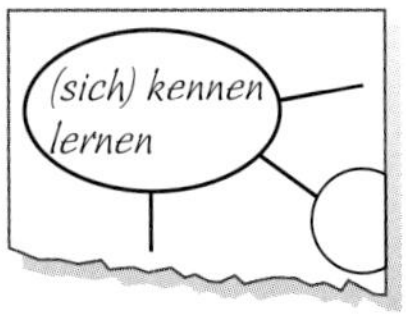

→ Ü 14

(sich) kennen lernen • (sich) gern haben • (sich) mögen • (sich) lieben • (sich) gut kennen
nett sein • freundlich sein • sympathisch finden • ehrlich sein • offen sein • neugierig sein
eine gute Beziehung haben • heiraten • Humor haben • lachen • schwanger sein
ein Kind bekommen • zusammen leben • unfreundlich sein • unsympathisch finden
streiten • dumm finden • schlimm finden • böse sein • kompliziert sein
keine gute Beziehung haben • (sich) nicht mögen • (sich) trennen • getrennt leben

Sprechmelodie: Fragen und Nachfragen

A 13 (1.76)
a) Hören Sie.
b) Sprechen Sie.

- ● Wie lange haben Sie studiert? ↘
- ○ Studiert? ↗
  Im Ganzen vier Jahre. ↘

- ● Wie groß ist Ihre Familie? ↘
- ○ Meine Familie? ↗
  Wir sind zusammen sechs Personen. ↘

- ● Was machen Sie in Ihrer Freizeit? ↘
- ○ In meiner Freizeit? ↗
  Ich koche sehr gerne. ↘

- ● Wie gefällt Ihnen Ihr Beruf? ↘
- ○ Mein Beruf? ↗
  Er ist interessant, → und ich verdiene viel Geld. ↘

- ● Möchten Sie noch mehr Kinder? ↘
- ○ Mehr Kinder? ↗
  Nein, vier sind genug. ↘

- ● Und wer putzt bei Ihnen die Wohnung? ↘
- ○ Putzen? ↗
  Bei uns helfen alle mit. ↘

Nachfragen: Die Sprechmelodie steigt.

Nasal: „ng“, „nk“

A 14 (1.77)
a) Wo hören Sie „k“ nach [ŋ]? Markieren Sie.
b) Sprechen Sie.

Finger - Fin[ŋ]er	„ng“: ein einziger Laut. Man spricht/hört kein „g“.
links - lin[ŋ]ks	„nk“: zwei Laute. Man spricht/hört das „k“.

Bank Regierung langsam trinken Entschuldigung Training Geschenk danke krank
Richtung Krankenhaus Bewegung Training funktionieren singen Orange Vorlesung

A 15 (1.78)
a) Hören Sie.
b) Sprechen Sie.

Beziehu**ng** / la**ng**weilig	Unsere Beziehung ist nie langweilig. ↘
de**nk**en / E**nk**el	Wir denken viel an unsere Enkel. ↘
I**ng**rid / Ju**ng**en	Auf dem Foto sind Ingrid und die Jungen. ↘
schwa**ng**er	Meine Freundin ist schwanger. ↘
E**nk**elin / kra**nk**	Unsere Enkelin Tina ist krank. ↘
e**ng** / Wohnu**ng**	Wir haben eine enge Wohnung. ↘

Ein Gedicht lesen – rhythmisch sprechen

A 16 (1.79)
a) Hören Sie.
b) Sprechen Sie.

Weltlauf von *Heinrich Heine*

Hat man viel, so wird man bald
noch viel mehr dazu bekommen.
Wer nur wenig hat, dem wird
auch das Wenige genommen.

„jed-“, „beid-“, „viel-“ und „all-“

A 17
a) Markieren Sie „jed-“, „beid-“, „viel-“ und „all-“.
b) „jed-“, „beid-“, „viel-“ oder „all-“: Was passt?
c) *Ihre* Sprache? Vergleichen Sie.

Unsere vier Kinder machen das Leben interessant, in jedem Alter. Es ist nicht immer einfach mit vielen Kindern. Alle müssen im Haushalt mithelfen.

Wir sind beide sehr aktiv, jeder hat Erfolg in seinem Beruf.

Viele Leute denken immer noch: Vater, Mutter und ein paar Kinder, das ist eine Familie.

__________ __________ __________ __________

Regel **„jed-“, „beid-“, „viel-“ und „all-“**

Kreuzen Sie an.

„jeder, jedes, jede“ steht vor Substantiven im ☐ Singular ☐ Plural

Deklination wie „dieser, dieses, diese“ (Singular)

„beid-“, „viel-“ und „all-“ steht vor Substantiven im ☐ Singular ☐ Plural

Deklination wie „diese“ (Plural)

→ Ü 15 – 17

Reziproke Verben

A 18
a) Markieren Sie die Pronomen.

Wie lange kennt ihr euch schon?

Kennen Sie sich?

Gute Freundinnen müssen sich nicht jeden Tag sehen. Aber eine Freundin ist für mich da, wenn ich sie brauche. Sara ist so eine Freundin, die immer Zeit für mich hat. Wir sehen uns oft, weil wir zweimal pro Woche Tennis spielen und ins Fitness-Studio gehen.

b) Ergänzen und vergleichen Sie: Was ist anders?

→ Ü 18 – 19

	Reziprokpronomen	Personalpronomen Akkusativ
wir	Wir kennen __________.	uns
ihr **Sie**	Ihr kennt __________. Sie kennen __________.	euch Sie
sie	Sie kennen __________.	sie

Satz: Relativsatz mit Relativpronomen „der", „das", „die"

1. Sara ist eine Freundin, die immer Zeit für mich hat.
2. Volker ist ein Freund, der gut zuhören kann.
3. Sara und Volker sind die Freunde, die mich sehr gut kennen.
4. Hier ist ein Foto, das schon 20 Jahre alt ist.
5. Das ist das Foto, das ich gesucht habe.
6. Ahmed ist der Freund, den ich am wenigsten sehe.

1. ...

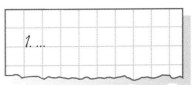

A 19
a) Unterstreichen Sie das Relativpronomen (1. Wort im Nebensatz) und machen Sie Pfeile zum Bezugswort.
b) *Ihre* Sprache? Vergleichen Sie.

Relativpronomen

	Nominativ		Akkusativ	
	best. Artikel	**Relativpronomen**	**best. Artikel**	**Relativpronomen**
Singular	der	*der*	den	______
	das	______	das	______
	die	______	die	*die*
Plural	die	______	die	*die*

A 20
Ergänzen Sie.

Relativpronomen im Nominativ und im Akkusativ

Michael ist ein Freund. Der ~~Freund~~ sagt die Wahrheit.

Michael ist ein Freund, *der* ______ die Wahrheit **sagt**.

Michael ist ein Freund. Ich sehe den ~~Freund~~ oft.

Michael ist ein Freund, ______ ich oft **sehe**.

Sara ist eine Freundin. Die Freundin hat immer Zeit für mich.

Sara ist eine Freundin, ______ immer Zeit für mich ______.

A 21
Lesen Sie und ergänzen Sie das Relativpronomen.

→ Ü 20 – 24

Superlativ

Ich kann mit Michael gut sprechen. — Mit Volker kann ich **am besten** über Probleme sprechen.

Michael sehe ich wenig. — Ahmed sehe ich **am wenigsten**.

Sara ist eine gute Freundin. — Nicola ist meine **beste** Freundin.

⚠ gut – besser – am besten — der gute Freund – der beste Freund

Die Firma Rad-Rapid

A 1
Tätigkeiten beschreiben
Was machen die Leute?

→ Ü 1

A 2
Eine Firma beschreiben
Notieren Sie.

Wer?
Was?

→ Ü 2

Die Firma Rad-Rapid ist in Leipzig. Sie macht Kurierdienste: Sie transportiert Bilder, Fotos, Dokumente, Geschenke und kleine Pakete. Die Fahrradkuriere holen die Pakete bei einem Kunden ab, rasen durch den Verkehr und bringen sie in ein anderes Geschäft, in eine Fabrik, in ein Büro – oder zu einer Freundin.

Vor 10 Jahren hat sich Michelle Schneider selbstständig gemacht und Rad-Rapid gegründet. Es war am Anfang schwer. Keine Kunden, keine Aufträge. Heute läuft der Betrieb gut. Jetzt arbeiten 12 Angestellte in der Firma. Seit zwei Monaten gibt es auch eine eigene Werkstatt für ihre Fahrräder und eine kleine Kantine. Wichtig für den Erfolg von Rad-Rapid ist: freundlich, flexibel, pünktlich und billig.

A 3
a) Was sagen die Leute über ihre Arbeit?

Michelle
Mona

Ich bin die Chefin. Ich organisiere die Arbeit, bin für das Telefon verantwortlich und muss die Rechnungen schreiben.
Ich organisiere und plane gern und spreche gern mit Mitarbeitern. Was ich nicht mag: mit Behörden verhandeln, Rechnungen schreiben, Steuern bezahlen. Das Spannende an der Arbeit ist, dass es immer andere Kunden und andere Probleme gibt.

1.80 b) Hören und ergänzen Sie.

→ Ü 3

A 4
Möchten Sie bei Rad-Rapid arbeiten? Warum (nicht)?

Ich bin Mona. Ich komme aus Italien und bin für ein Jahr hier in Leipzig. Ich studiere Germanistik. Ich arbeite zwei Tage in der Woche als Fahrradkurierin, das sind etwa 16 Stunden. Mir gefällt die Arbeit gut. Das Gute ist, ich komme mit vielen Menschen in Kontakt und bleibe fit. Das Schlechte ist, dass ich nicht so viel Zeit fürs Studium habe. Aber ich muss arbeiten, weil ich Geld brauche.

Der Auftrag

Mona Coppi beginnt heute um 7 Uhr 30. Peter Teufel, der Mechaniker, hat mit seiner Arbeit schon angefangen: Er ist in seiner Werkstatt und repariert ein Fahrrad. Mona braucht dringend eins, ihres ist kaputt. Frau Schneider ist in ihrem Büro, sie arbeitet am Computer und telefoniert. Drei Kolleginnen und Kollegen sitzen in der Kantine, frühstücken und erzählen. Andere Fahrradkuriere sind schon unterwegs.

A 5
Einen Arbeitstag beschreiben
Was machen die Leute?

- ● Guten Tag. Rad-Rapid, Michelle Schneider, was kann ich für Sie tun?
- ○ Werbeagentur Ad-weiß, Felix Hammer. Wir haben hier Dokumente. Die müssen in einer Stunde bei unserem Kunden sein. Das ist das Reisebüro „mondo" ...

A 6 (1.82)
Einen Auftrag verstehen
a) Was ist der Auftrag? Hören und notieren Sie.
b) Berichten Sie.

→ Ü 4–5

AUFTRAG-NUMMER	4-153
ABSENDER (Firma oder Kundennummer)	Ad-weiß (Werbeagentur)
Straße	Kantstraße 45, 2. Stock
Postleitzahl	04275
Abholzeitraum (Uhrzeit)	von 8.00 bis 8.30
EMPFÄNGER (Firma oder Kundennummer)	Reisebüro mondo
Straße	Fichtestraße 20

Michelle erklärt Mona den Auftrag und Mona liest das Formular noch einmal. Die Kantstraße kennt sie. Aber die Adresse von dem Reisebüro? Sie sucht schnell auf ihrem Stadtplan. Mist, wo ist denn diese Straße? Da, Fichtenstraße – ganz am Rand der Stadt.

Über die Arbeit sprechen

Wo arbeitest du?	Ich arbeite bei der Firma Rad-Rapid.
	Ich habe im Moment keine Arbeit. Ich bin arbeitslos.
Was macht die Firma?	Unsere Firma macht Kurierdienste.
Seit wann arbeitest du dort?	Seit 2 Jahren, vorher ...
Was machst du genau?	Wenn ich um 7 Uhr ankomme, muss ich zuerst ....
Was gefällt dir an deinem Job?	Das Gute ist, dass wir ein gutes Arbeitsklima haben.
	Das Schlechte ist ...
Wo hast du gearbeitet?	In einem Krankenhaus / in einer Fabrik.
Was hast du da gemacht?	Ich habe als Krankenpfleger/in gearbeitet.
	Ich war Angestellte bei Mercedes.

A 7
Über die Arbeit sprechen
Wo arbeiten Sie? Wo haben Sie früher gearbeitet? Erzählen Sie.

→ Ü 6–7

Über die Arbeitszeit sprechen

Wie viel arbeitest du pro Tag/Woche?	6 Stunden / 2 Tage in der Woche.
Wie viel Urlaub hast du im Jahr?	4 Wochen.

www

Die Suche

A 8
Eine Geschichte verstehen
Lesen Sie. Was passiert?
→ Ü 8

● Michelle, hat einer meine Tasche gesehen? Ich nehme die da, okay?
○ Halt, das ist Peters Tasche, deine ist dahinten.
● Oh, grazie e ciao!

Achtzehn Minuten später ist Mona bei der Werbeagentur. Sie klingelt, keiner macht auf. Sie klingelt noch einmal, rennt die Treppe in den zweiten Stock hoch und holt die Dokumente.

Mona ist mit dem Umschlag in ihrer Kurier-Tasche unterwegs. Die Autos stehen im Stau, aber sie ist schnell mit dem Fahrrad. Sie kommt zur Fichtenstraße – eine Einbahnstraße! Sie fährt auf dem Gehweg und liest die Hausnummern, 14, 16, 18 – es gibt keine Nummer 20 und es ist fünf vor halb neun!

1.83

A 9
Warum hat Mona die Adresse nicht gefunden?
→ Ü 9

○ Guten Tag. Hier ist Rad-Rapid, Michelle Schneider ...
● Ich bin's, Mona. Ich suche die Fichtenstraße 20.
○ Wo bist du?

Mona fährt los. Es ist 20 vor neun. Geschafft! Sie gibt die Dokumente ab und dann ruft sie Rad-Rapid an und fragt nach ihrem nächsten Auftrag.

A 10
Einen Auftrag geben
Geben Sie einen Auftrag: Wann? Was? Wo? Wohin? Spielen Sie.
→ Ü 10

1

12 Uhr 15
3 Pizzas bei Pizza-Service „O sole mio", Industriestraße 15 abholen – bestellt für Firma Meier – nicht bezahlen – Pizza an der Goethe-Straße 2 (Geschäftshaus 3. Stock) abgeben – pünktlich um 12 Uhr 30.

2

Sofort!
Liebesbrief – von Esther Voss, Berliner Straße 69 – an Pascal Nemeth, Nikolaistraße 40 – Telefonnummer von Esther Voss 0341 59 58 2

3

Morgen 10 Uhr
Großen Hund (Bernhardiner) zum Tierarzt bringen – bei Familie Keller, Holbeinstraße 38 abholen – Adresse Tierarzt: Muldentalstraße 28

Einen Auftrag geben – Nachfragen

Kannst du zum Pizza-Service „Sole mio" fahren?	Na klar. Was muss ich abholen?
	Das geht leider nicht. Ich muss ...
Dort holst du drei Pizzas ab.	Wann muss ich dort sein?
Um Viertel nach zwölf.	
Die bringst du dann in die Goethestraße 2.	Habe ich richtig verstanden: Goethestraße 2?
	Und wer bezahlt?
Der Absender ist Esther Voss.	Wie heißt die Adresse genau?
Der Empfänger ist Pascal Nemeth.	Wie bitte? Kannst du das buchstabieren?
Ist alles klar?	Ja, ich wiederhole: ...

Telefonieren und Notizen machen

1

Ihr Freund Ahmed spricht kein Deutsch. Sie rufen für ihn bei der Sprachschule „Sprachcafé“ in Frankfurt an.

2

Ihre Arbeitskollegin versteht kein Deutsch. Auf dem Anrufbeantworter ist eine Mitteilung auf Deutsch.

A 11 1.84
a) Bild 1: Hören und notieren Sie. Berichten Sie in Ihrer Sprache.

b) Bild 2: 1.85
Hören Sie und schreiben Sie eine Notiz in Ihrer Sprache.

→ Ü 11 – 12

Begrüßen – sich informieren – sich verabschieden

Hallo! • Tschüss. • Ja, bitte? • Ich verstehe Sie schlecht. • Bis dann. • Also, bis später.
Einen Moment, bitte. • Hier ist Karl Weber. • Firma Kohler, Runge. • Wen möchten Sie sprechen?
Einen schönen Gruß an Frau Maffei. • Entschuldigung, ich habe Ihren Namen nicht verstanden.
Ich rufe Sie später noch einmal an. • Schelling. • Tut mir Leid, Markus ist nicht da. • Linda Gerber.
Können Sie das noch einmal wiederholen? • Was hast du gesagt? • Auf Wiederhören.

Am Telefon	*Begrüßen*	*Sich informieren Wer? Was? Warum?*	*Sich verabschieden*
Auf Deutsch			
Andere Sprachen			

A 12
a) Was sagen Sie auf Deutsch? Ordnen Sie.
b) Was sagen Sie in anderen Sprachen?

→ Ü 13

Ich schreibe immer den ersten Satz auf. Zum Beispiel …

Wenn ich etwas nicht verstehe, sage ich „Wie bitte?“ oder …

A 13
Telefonieren in der Fremdsprache. Was machen Sie:
– vor dem Anruf
– beim Anruf
– nach dem Anruf

A 14
a) Wählen Sie zwei Fotos und schreiben Sie ein Telefongespräch.
b) Spielen Sie.

→ Ü 14

Der Arbeitsplatz

A 15
a) Wo ist das? Suchen Sie auf den Fotos:

Werkstatt:
Büro:

b) Was brauchen Sie bei Ihrer Arbeit? Notieren Sie.

➜ Ü 15

die Zange • die Tastatur • die Pflanze • der Stuhl • der Stift • die Luftpumpe • der Kaffee
der Hammer • der Automat • das Telefon • der Reifen • die Lampe • die Bremse

Die Werkstatt

Das Büro

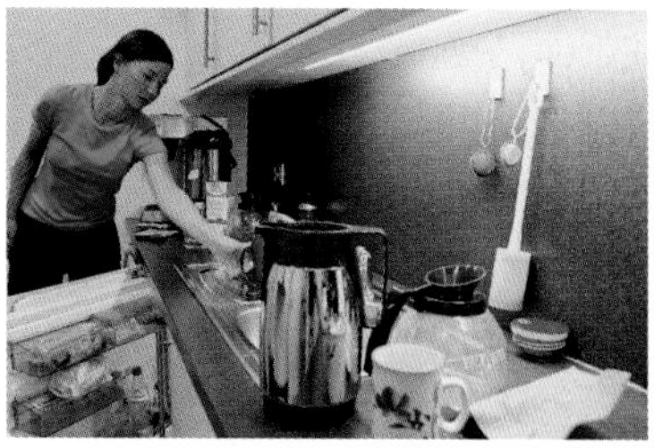
Die Kantine

A 16
a) Was passt wo zu A 15?
b) Was machen Sie bei der Arbeit gern?

➜ Ü 16

über den Lohn diskutieren • Pause machen • mit einem Kunden telefonieren • Kaffee trinken
einen Briefumschlag öffnen • eine Suppe kochen • eine Sitzung vorbereiten
den Bildschirm anmachen • eine Rechnung drucken • Geschichten erzählen • eine E-Mail lesen
einen Brief schreiben • die Zange aufräumen • ein Formular ausfüllen • die Schraube anziehen
die Bremse reparieren • den Reifen flicken • ein Dokument kopieren

Berufe

A 17
a) Welche Berufe kennen Sie? Ordnen Sie zu.

1.86 b) Hören Sie: Wer hat welchen Beruf?

Großvater:

c) Welche Berufe gibt es in Ihrer Familie / im Kurs?

➜ Ü 17

Anwalt • Ärztin • Bauarbeiter • Computerspezialistin • Friseur • Fußballspieler • Gärtnerin
Hausfrau • Kellner • Koch • LKW-Fahrer • Pilot • Polizistin • Bauer • Tänzerin

Vokale: e-Laute – lang, kurz, unbetont

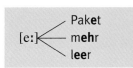

[eː] – Paket, mehr, leer	[ɛ] — Express	[ə] — genau

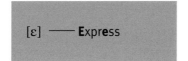

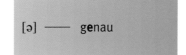

A 18 2.1
a) Hören Sie.
b) Sprechen Sie.

Peter / Paket	Peter holt ein Paket. ↘
Michelle / Rechnung	Michelle schreibt die Rechnung. ↘
machen / Pause / Kantine	Sie machen Pause in der Kantine. ↘

Unbetontes „e" in der Alltagssprache

A 19
a) Sprechen Sie.
b) Hören Sie zur Kontrolle. 2.2

Die Kuriere arbeiten und reden. ↘	arbeit**(e)**n, red**(e)**n
Sie rasen zu den Kunden. ↘	ras**(e)**n, Kund**(e)**n
Peter kommt mit Dokumenten und Paketen. ↘	mit Dokument**(e)**n, Paket**(e)**n

Alltagssprache: Das unbetonte „e" [ə] in Endsilben fällt weg.

A 20
a) Sprechen Sie.
b) Hören Sie zur Kontrolle. 2.3

Kolleg**(en)** [ŋ], hab**(en)** [m]	Die Kollegen haben viel zu tun. ↘
Morg**(en)** [ŋ], flick**(en)** [ŋ]	Heute Morgen flicken sie die Räder. ↘
bleib**(en)** [m], schreib**(en)** [m]	Sie bleiben im Büro → und schreiben Rechnungen. ↘
frühstück**(en)** [ŋ], trink**(en)** [ŋ]	In der Kantine frühstücken sie → und trinken Kaffee. ↘

Alltagssprache: -en nach „g", „k" wird zu [ŋ],
-en nach „b", „p" wird zu [m].

Einen Text lesen

Ich habe einen interessanten Job. ↘ Ich arbeite bei der Firma Rad-Rapid in Leipzig. ↘ Wir machen Kurierdienste in Leipzig und Umgebung. Ich hole mit dem Fahrrad Pakete bei einem Kunden ab und bringe sie zu einem anderen Kunden. Die Arbeit ist interessant. Man bleibt fit, verdient Geld und mir bleibt genug Zeit für mein Studium. Ich habe viele interessante Leute kennen gelernt.

A 21 2.4
a) Hören Sie.
b) Markieren Sie den Satzakzent.
c) Lesen Sie laut.

Schwierige Wörter aussprechen

Fahrradkurierin	als Fahrradkurierin	Sie arbeitet als Fahrradkurierin. ↘
Krankenpfleger	als Krankenpfleger	Er arbeitet als Krankenpfleger. ↘
Arbeitsklima	ein gutes Arbeitsklima	Wir haben ein gutes Arbeitsklima. ↘

A 22 2.5
Sprechen Sie.

Adjektive als Substantive

A 23
a) Welche Substantive kennen Sie als Adjektive? Markieren und notieren Sie.
b) Ergänzen Sie.
→ Ü 18

Mir gefällt die Arbeit. Das Gute ist, ich komme mit vielen Menschen in Kontakt. Das Schlechte ist, dass ich nicht so viel Zeit fürs Studium habe. Das Spannende an der Arbeit ist, dass es immer andere Kunden gibt.

gut ______
______
______

Adjektiv	→	Substantiv	Adjektiv	→	Substantiv
schön		*das Schöne*	*neu*		______ ______

Possessiv-Artikel: Dativ

A 24
Erinnern Sie sich? Ergänzen Sie die Possessiv-Artikel.
→ Ü 19 – 20

Er fährt mit seinem Fahrrad.

Sie fährt mit ihrem Fahrrad.

→ A 1 Kapitel 9

Personal-pronomen	ich	du	er	es	sie	wir	ihr	sie	Sie
Possesiv-Artikel	*mein-*	___-	___-	___-	___-	*unser-*	*euer-*	___-	___-

A 25
a) Markieren Sie die Possessiv-Artikel.

„mit" + Dativ

Die Kuriere von Rad-Rapid bringen ihren Kunden alles mit dem Fahrrad. Peter Teufel, der Mechaniker, hat mit seiner Arbeit schon angefangen: Er ist in seiner Werkstatt und repariert ein kaputtes Fahrrad. Frau Schneider ist in ihrem Büro, sie arbeitet am Computer. Felix Hammer sagt: „Die Dokumente müssen in einer Stunde bei unserem Kunden sein." Mona liest das Formular. Wo ist das Reisebüro? Sie sucht schnell auf ihrem Stadtplan.

b) Markieren Sie das Kasussignal und ergänzen Sie.
→ Ü 21 – 22

Possesiv-Artikel: Dativ

der Stadtplan	... auf dem Stadtplan	... auf ihr*em* Stadtplan
das Büro	... in dem Büro	... in ihr____ Büro
die Arbeit	... mit der Arbeit	... mit sein____ Arbeit
die Kunden	... mit den Kunden	... mit unser____ Kunden

Artikelwörter als Pronomen

Mona ist bei der Werbeagentur.
Sie klingelt, keiner macht auf.

- ● Hat einer meine Tasche gesehen?
- ○ Nein, hier ist keine.

- ● Ich brauche ein Fahrrad. Hast du eins?
- ○ Nein, tut mir Leid, ich habe keins.

- ● Gibt es einen Auftrag für mich?
- ○ Tut mir Leid, ich habe keinen. /
  Ja, ich habe einen. Fahr in die Fichtestraße.

A 26
a) Markieren Sie „ein-" und „kein-".

Artikelwörter als Pronomen: Deklination

Nominativ	Artikelwort „ein-", „kein-"	Artikelwort als Pronomen	Akkusativ	Artikelwort „ein-", „kein-"	Artikelwort als Pronomen
der	(k)ein Auftrag	(k)einer___	den	(k)einen Auftrag	(k)ein_____
das	(k)ein Fahrrad	(k)eins___	das	(k)ein Fahrrad	(k)ein_____
die	(k)eine Tasche	(k)ein_____	die	(k)eine Tasche	(k)ein_____
die	keine Fahrräder	kein_____	die	keine Fahrräder	kein_____

b) Markieren und ergänzen Sie.

➜ Ü 23

⚠ **„mein-", „dein-", „sein-", ...** haben die gleichen Endungen wie „kein, kein, keine".

	als Artikelwort	als Pronomen
der Auftrag	● Ist das **mein** Auftrag?	○ Nein, das ist m*einer*. D______ ist hier.
das Fahrrad	● Nimmst du **dein** Fahrrad?	○ Nein, ich nehme d______. M______ ist kaputt.
die Tasche	● Hat er **seine** Tasche dabei?	○ Nein, er hat m______. S______ ist hier.

A 27
Ergänzen Sie.

➜ Ü 24

Genitiv-„s" bei Eigennamen

Mona**s** Fahrrad = das Fahrrad von Mona

8 Fremd(e)

In die Fremde gehen

A 1
Reisen: Gründe nennen
a) In ein anderes Land fahren: Sammeln Sie Gründe.

beruflich
privat

➔ Ü 1

b) Lesen Sie. Warum fahren Ernesto und Lilit nach Deutschland?

➔ Ü 2

Ernesto Rodríguez lebt in Mexiko, in einem Dorf in der Nähe von Puebla. Er arbeitet bei VW Mexiko, in der Autofabrik. Einige Jahre hat er als Schweißer gearbeitet. Aber das machen jetzt Maschinen. „Die Technik in einer Autofabrik wird immer moderner, die Automatisierung geht immer weiter. Es gibt immer weniger einfache Arbeiten", sagt Ernesto Rodríguez. Die Arbeiter brauchen heute eine bessere Ausbildung. Die findet zum Teil in Puebla statt, aber auch bei VW in Deutschland. Seit einem halben Jahr nimmt Ernesto Rodríguez an der Fortbildung in der Firma teil. Und er lernt Deutsch, in der Firmensprachschule in Puebla.

Lilit Sarkisian ist aus Armenien, aus Jerewan. „Seit ich mich erinnern kann, liebe ich Geschichten: armenische Geschichten, russische Märchen, georgische Lieder. Darum wollte ich Sprachen lernen."
Als Lilit 10 Jahre alt war, hat sie mit dem Deutschlernen angefangen, mit einer privaten Lehrerin. Jetzt studiert sie Sprachen und will für ein Jahr nach Deutschland. In einer Woche soll sie fahren, und sie ist ein bisschen nervös.
Denn das Visum ist noch nicht da.

2.6

A 2
Über Gefühle sprechen
a) Hören Sie. Welche Gefühle haben Ernesto und Lilit?

Ernesto	*Lilit*
freut sich	

b) Was möchten sie tun?

➔ Ü 3–4

- ● Herr Rodríguez, Sie reisen in ein paar Tagen nach Deutschland. Was erwarten Sie?
- ● Das weiß ich nicht genau. Ich freue mich und bin sehr neugierig.
- ○ Was interessiert Sie besonders?
- ● Alles, einfach alles! Die Firma und der Arbeitstag. Wie sind die Kollegen dort?

...

- ● Frau Sarkisian, Sie wollen für ein Jahr nach Deutschland gehen. Ist das schwer?
- ○ Für mich als Armenierin schon. Ich brauche eine Arbeit, weil ich kein Geld habe und kein Stipendium bekomme. Aber ich hatte Glück und habe vor zwei Monaten eine Au-Pair-Stelle gefunden.
- ● Freuen Sie sich auf Ihre Reise?
- ○ Ja, sehr. Und ich glaube, dass ich eine nette Familie gefunden habe. Aber ich bin auch ein bisschen nervös.
- ● Wie haben Sie die Stelle gefunden?
- ○ Über das Internet. Es gibt Agenturen, die Au-Pair-Stellen vermitteln. Für EU-Europäer ist das ganz leicht, die brauchen kein Visum, keine Arbeitserlaubnis, keine neue Krankenversicherung, nichts.

...

A 3
Ins Ausland gehen: Was brauchen Sie? Welche Gefühle haben Sie?

In der Fremde leben

„Die Welt hat viele schöne Seiten, Osten und Westen, Süden und Norden. Wenn man eine Seite oder zwei Seiten verliert, dann verliert man so viel." Nataša Maroševac weiß, wovon sie spricht. Sie ist in Bosnien aufgewachsen. Sie hat in Sarajewo studiert und dann als Journalistin gearbeitet, bis der Krieg begann. Als die Kämpfe in der Stadt anfingen, musste sie fliehen. So kam sie nach Österreich.

Der Schock war groß. Sie war allein, ohne Familie und Freunde, hatte keine Arbeit, und sie konnte die Sprache nicht. Sie war sehr unsicher. „Ich hatte Angst vor der Zukunft", sagt sie heute.

Heute hat sie eine Arbeit gefunden, die ihr gefällt. Sie ist Beraterin für Schüler und Eltern und hilft bei Problemen von ausländischen Kindern. Sie engagiert sich sehr für „ihre" Kinder.

A 4
Veränderungen beschreiben
a) Lesen Sie. Suchen Sie Informationen.

Herkunft
Wohnort
Beruf

b) Hören Sie (2.8) und ergänzen Sie Ihre Notizen.

→ Ü 5

- ● Ich bin neu hier, ich kenne niemand. Wie war es bei dir, Nataša?
- ○ Ich habe einige Zeit gebraucht. In Sarajewo war ich bei den Pfadfindern. Deshalb habe ich auch hier Kontakt zu einer Pfadfindergruppe gesucht. Wenn du Sport magst, dann such dir eine Sportgruppe oder einen Sportverein.
- ● Wie hast du Leute kennen gelernt?
- ○ Das weiß ich auch nicht so genau. Aber ich bin am Anfang oft an den gleichen Ort gegangen, nicht heute in dieses Café und morgen in ein anderes. Die Bedienung in meinem Café hat genau gewusst, dass ich neu bin. Sie war freundlich und ich konnte sie immer wieder etwas fragen.
- ● Hast du denn die Leute verstanden? Die sprechen doch immer so schnell.
- ○ Ja, das stimmt. Aber du musst einfach bitten, dass man langsam spricht oder dass man mit dir nicht Dialekt spricht. Immer wenn ich etwas nicht verstanden habe, habe ich sofort nachgefragt.

...

A 5
a) Lesen Sie. Welche Tipps gibt Nataša? Sammeln Sie.

→ Ü 6

b) Hören Sie. (2.9) Was sagt Nataša noch? Ergänzen Sie.

→ Ü 7

Über Gefühle sprechen
Ich will in einer Woche nach Deutschland fahren. Ich bin ein bisschen nervös.
Ich hoffe, dass ich das Visum früh genug bekomme. Ich freue mich, weil das immer mein Traum war.

Was für ein Gefühl haben Sie vor Ihrer Reise?	Ich freue mich. Und ich bin sehr gespannt.
Hast du denn keine Angst?	Angst nicht, aber ich bin ein bisschen unsicher.

Ratschläge geben

Wie kann man Kontakt finden?	Wenn du Sport magst, dann such dir eine Sportgruppe oder einen Sportverein.
Wie hast du Leute kennen gelernt?	Ich bin immer wieder an den gleichen Ort gegangen.
Hast du die Leute verstanden?	Du musst bitten, dass man langsam spricht. Du musst immer sofort nachfragen.

A 6
Kontakt finden: Sammeln Sie Ideen. Diskutieren Sie.

8

Bekannt und unbekannt

A 7
Von Erfahrungen berichten
Was ist für Sie bekannt/unbekannt? Wählen Sie ein Bild. Erzählen Sie.

A

C

B

D

E

A 8
a) Lesen Sie und ordnen Sie die Texte den Bildern zu.

→ Ü 8

b) Haben Sie etwas Ähnliches erlebt? Erzählen Sie.

→ Ü 9 – 10

1

„Als ich zum ersten Mal in Kasachstan war, war ich Gast bei einem großen Essen in einer Familie. Vor jeder neuen Speise hat der „Tischmeister“ eine kurze Rede gehalten. Und dann sagten alle etwas zu diesem Thema. Das war neu für mich. Das Essen hat toll geschmeckt, bis ich auch Kumys (Joghurt aus Pferdemilch) probiert habe. Das riecht sehr stark, und war etwas ungewohnt für mich!“

2

„Ich habe mich zuerst sehr verloren gefühlt, als ich als Praktikantin in Taiwan war. Ich konnte noch fast kein Chinesisch, ich habe nur ein paar Schriftzeichen gekannt. Ich habe immer die Leute beobachtet. In der Mittagspause bin ich einfach allen anderen nachgegangen und bin wirklich in die Kantine gekommen. Das war eine gute Erfahrung.“

3

„Kolleginnen haben mich in die Oper mitgenommen. Alle waren so vornehm gekleidet, ich habe mich ziemlich fremd gefühlt.“

4

„Ich war am Meer, in Irland. Ich wollte auf die Insel Inishman fahren. Das Wetter war schlecht. Als ich das kleine Schiff gesehen habe, hatte ich große Angst. Ich bin das Meer nicht gewohnt, ich komme aus dem Schwarzwald. Ich bin dann doch auf die Insel gefahren und war ganz stolz. Seit ich dort war, liebe ich das Meer.“

5

„Vor 20 Jahren haben wir den ersten Computer gekauft. Ein Freund hat uns den Computer installiert und die ersten Schritte gezeigt. Das war alles so fremd, ich habe lange Zeit überhaupt nichts verstanden.“

A 9
Was finden Besucher in Ihrem Land überraschend, fremd oder komisch?

Von Erfahrungen berichten
Als ich zum ersten Mal in ... war, ...
Als ich zum ersten Mal ... gesehen habe, ...
Ich war mal an/in/bei ... . Da ...
Vor fünf Jahren / Letztes Jahr ...

Was ist überraschend für Besucher?
Was ist den Leuten fremd?
Was finden Besucher komisch?
Was kennen die Leute nicht?

Viele finden überraschend, dass ...
Viele können nicht verstehen, dass wir ...
Einige finden es komisch, wenn ...
Wenn Leute zu uns nach ... kommen, dann ist ... neu für sie.

Nachfragen und Reagieren

A 10 2.10
a) Hören Sie.
Wo ist das?
Notieren Sie.

Situation:
1.

b) Was hören Sie?
Kreuzen Sie an.

→ Ü 11

c) Notieren Sie Ihre Lieblingswendung.

→ Ü 12

Nachfragen

- ☐ Was haben Sie gesagt?
- ☐ Kannst du mir das erklären?
- ☐ Habe ich Sie richtig verstanden?
- ☐ Verstehe ich dich richtig?
- ☐ Wie meinst du das?
- ☐ Was meinen Sie genau?
- ☐ Wie bitte?

Auf Nachfragen reagieren

- ☐ Du hast richtig verstanden.
- ☐ Ja, ganz genau.
- ☐ Das wollte ich nicht sagen.
- ☐ Verstehen Sie mich?
- ☐ Das kennst du ja selbst.
- ☐ Das meine ich nicht.
- ☐ Genau das habe ich gemeint.

A 11
Wählen Sie eine Situation. Schreiben Sie Mini-Dialoge und spielen Sie.

Am Abend ist ein Konzert im „Utopia“.
Sie waren noch nie dort. Ihr Freund geht oft hin.

Sie müssen zum Bahnhof.
Fragen Sie nach dem schnellsten Weg.

Sie haben einen Termin beim Finanzamt, mit Frau Ritter.
Fragen Sie bei der Auskunft nach ihrem Zimmer und dem Weg.

Gesten und Körpersprache

A 12
a) Was passiert hier?
Sammeln und vergleichen Sie.
b) Ordnen Sie die Beschreibungen zu.

→ Ü 13

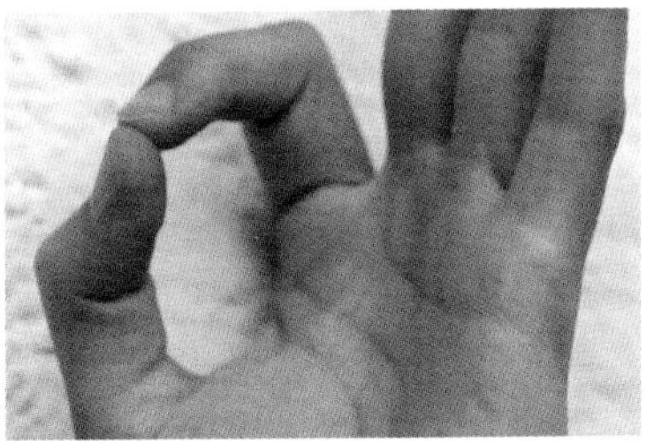

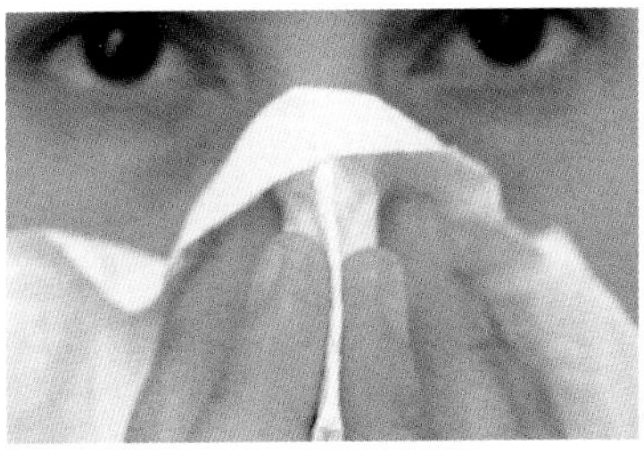

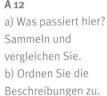

Ein Kreis mit Daumen und Zeigefinger ist in den deutschsprachigen Ländern ein großes Lob. Nach einem Essen heißt das: „Das war sehr, sehr gut!“ Achtung: In Südeuropa ist das ganz anders! Dort ist das eine Beleidigung.

In asiatischen Ländern ist es sehr unhöflich, wenn man sich öffentlich die Nase putzt. In den deutschsprachigen Ländern ist das erlaubt, aber man soll leise sein.

In Nordamerika zeigt ein Finger am Kopf, dass man intelligent ist. Es ist ein Kompliment. Ganz anders in Deutschland, Österreich und der Schweiz. Da heißt das: „Du hast einen Vogel, du bist verrückt!“

Gefühle ausdrücken

A 13
Wortfamilien: Notieren Sie in der Tabelle.

das Gefühl • das Glück • der Ärger • hoffen

die Liebe	lieben	lieb
______	(sich) freuen (auf)	______
______	(sich) fühlen	______
______	______	glücklich
die Hoffnung	______	______
______	______	ängstlich
______	(sich) ärgern (über)	______
die Neugier	______	______

neugierig • die Angst • verärgert • die Freude

A 14
a) Welche Ausdrücke passen? Ordnen Sie zu.

2.13 b) Welche Wörter für Gefühle hören Sie? Notieren Sie.

→ Ü 14 – 16

Da bin ich aber froh! • Was ist los? Warum bist du traurig? • Bleib ganz ruhig! • Sei nicht so ernst!

1

2

3

ernst • froh • fröhlich • nervös • ruhig • traurig • zufrieden (mit)
unzufrieden (mit) • verärgert • böse • lachen • weinen

Ämter und Dokumente

A 15
a) Welche Wörter aus der Wortkiste finden Sie in den Texten? Markieren Sie.

→ Ü 17

Achtung! • das Amt • gültig • ausfüllen • die Bestätigung • der Stempel • das Dokument
der Personalausweis • der Ausweis • die Papiere (Pl.) • das Formular • das Konsulat
die Botschaft • die Polizei • die Fremdenpolizei • das Einwohnermeldeamt
die Ausländerbehörde • der Pass • das Visum • die Genehmigung • die Aufenthaltsgenehmigung
der Ausländer • die Ausländerin • das Asyl • kontrollieren • die Frist • befristet

Sie brauchen für Ihren Aufenthalt eine gültige Aufenthaltsgenehmigung. Sie müssen sich für diese Genehmigung innerhalb von 30 Tagen nach der Einreise bei der Ausländerbehörde melden! Beachten Sie in Ihrem Interesse die Fristen!

Wenn Sie sich beim Einwohnermeldeamt anmelden, bringen Sie ihre Papiere vollständig mit: Personalausweis oder Reisepass mit Visum und Arbeitsgenehmigung. Bitte füllen Sie die Formulare genau aus.

Sie brauchen für Ihren Aufenthalt gültige Dokumente! Wenn Sie Ihre Dokumente verlieren, melden Sie sich sofort bei Ihrer Botschaft oder Ihrem Konsulat.

b) Notieren Sie wichtige Ämter und Aktivitäten.

Konsulat: den Pass verlängern, einen Antrag für ein Visum stellen

Vokale: ö-Laute – lang, kurz

A 16 2.14
a) Wo hören Sie das lange [øː]? Kreuzen Sie an.

1.	☐	☐	☐
2.	☐	☐	☐
3.	☐	☐	☐
4.	☐	☐	☐
5.	☐	☐	☐
6.	☐	☐	☐

b) Hören und sprechen Sie. 2.15

[øː] fr**öh**lich, nerv**ö**s
M**ö**bel, G**oe**thestraße

Lilit ist fröhlich, aber auch nervös. ↘

Sie hat neue Möbel und wohnt in der Goethestraße. ↘

A 17 2.16
a) Wo hören Sie das kurze [œ]? Kreuzen Sie an.

1.	☐	☐	☐
2.	☐	☐	☐
3.	☐	☐	☐
4.	☐	☐	☐
5.	☐	☐	☐
6.	☐	☐	☐

b) Hören und sprechen Sie. 2.17

[œ] m**ö**chte, **ö**fter, W**ö**rter
öffnen, W**ö**rterbuch

Natascha möchte öfter neue Wörter verstehen. ↘

Sie öffnet häufig das Wörterbuch. ↘

Wortakzent: Komposita, Vorsilben

A 18 2.18
a) Hören Sie.
b) Sprechen Sie.

Auto + Fabrik:	Autofabrik	Ernesto Rodriguez arbeitet in einer Autofabrik. ↘
Sprache + Schule:	Sprachschule	Er lernt Deutsch in einer Sprachschule. ↘
Sport + Gruppe:	Sportgruppe	Abends geht Ernesto in die Sportgruppe. ↘
Reise + Büro:	Reisebüro	Lilit holt ihr Visum im Reisebüro. ↘

A 19 2.19
a) Hören Sie.
b) Sprechen Sie.

weitergehen	Die Arbeit geht morgen weiter. ↘	Sie muss morgen weitergehen. ↘
ausbilden	Die Firma bildet die Arbeiter aus. ↘	Sie muss die Arbeiter ausbilden. ↘
aufwachsen	Natascha wächst in Bosnien auf. ↘	Sie ist in Bosnien aufgewachsen. ↘
nachfragen	Sie fragt immer nach. ↘	Sie musste immer nachfragen. ↘

Ein Gedicht lesen – rhythmisch sprechen

A 20 2.20
a) Hören Sie.
b) Sprechen Sie.

Aus **„Der Lattenzaun"** von *Christian Morgenstern*

Es war einmal ein Lattenzaun
mit Zwischenraum hindurchzuschaun.
Ein Architekt, der dieses sah,
stand eines Abends plötzlich da –
und nahm den Zwischenraum heraus
und baute draus ein großes Haus.
...

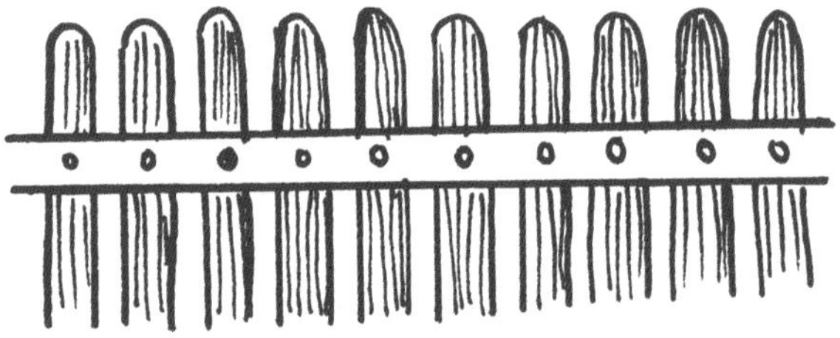

Verben mit Präpositionen

A 21
a) Markieren Sie das Verb. Welche Präposition gehört zum Verb? Machen Sie Pfeile.

Ernesto Rodríguez aus Mexiko berichtet über seine Arbeit.

Er nimmt an einer Fortbildung in Deutschland teil. Er freut sich auf die Reise.

Lilit hat sich für eine Stelle als Au-pair interessiert und sie hatte Glück. Sie freut sich über diese Stelle.

Aber sie denkt oft an ihr Visum, denn sie hat es noch nicht bekommen. Sie wartet jeden Tag auf das Visum.

b) Schreiben Sie Sätze.

→ Ü 18 – 20

Verben mit Präposition + Akkusativ
denken an, glauben an, sich erinnern an, warten auf, hoffen auf, sich freuen auf, antworten auf, sich konzentrieren auf, danken für, reden/sprechen/berichten über, sich informieren über, lachen über

Verben mit Präposition + Dativ
diskutieren mit, anfangen/beginnen mit, aufhören mit, reden/sprechen mit, telefonieren mit, fragen nach, erzählen von, träumen von, sich verabschieden von, passen zu

*Wir **denken an** den Urlaub.*   *Er **diskutiert mit** sein**em** Bruder.*

Wiederholung: Hauptsatz + Nebensatz

A 22
a) Markieren Sie die trennbaren Verben.

ich – nachfragen – wenn – ich – etwas – nicht – verstehen

wir – einladen – Lilit – zum Essen – weil – sie – als Au-Pair – anfangen

b) Schreiben Sie die Sätze.

Hauptsatz vor Nebensatz

Hauptsatz			Nebensatz		
Ich (1)	*frage* (2)	*nach,*	*wenn*		
			Subjunktor		**Verb**

c) Wo steht das Verb im Hauptsatz? Ergänzen Sie.

→ Ü 21

Nebensatz vor Hauptsatz

Nebensatz			Hauptsatz	
Wenn	*ich etwas nicht*	*verstehe,*	1	2
Weil	*sie als Au-Pair*			
Subjunktor		**Verb**		

Satz: Nebensätze mit „wenn“ und „als“

	jetzt / früher oft	früher einmal
1. Als ich zum ersten Mal in Kasachstan war, war ich Gast in einer Familie.		
2. (Immer) wenn ich etwas nicht verstanden habe, habe ich nachgefragt.		
3. Als ich das kleine Schiff gesehen habe, hatte ich große Angst.		
4. Ich habe mich zuerst sehr verloren gefühlt, als ich in Taiwan war.		
5. (Immer) wenn Leute zu uns kommen, machen wir ein großes Essen.		

A 23
a) Markieren Sie die Verben im Nebensatz und kreuzen Sie an.

	jetzt / früher oft	*früher einmal*
1.		

b) *Ihre* Sprache? Vergleichen Sie.

→ Ü 22 – 23

Satz: Nebensätze mit „wenn“ und „als“

Regel

Handlung/Ereignis	früher und einmal:	Nebensatz mit „__________“.
	sonst:	Nebensatz mit „__________“.

Ergänzen Sie „als“ und „wenn“.

Satz: Nebensätze mit „bis“ und „seit“

Das Essen hat toll geschmeckt,
bis ich süße Suppe probieren musste.

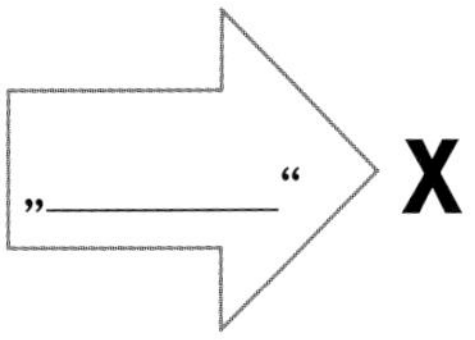

Seit ich auf der Insel Rügen war,
liebe ich das Meer.

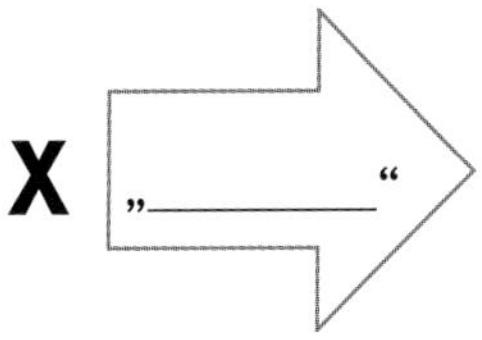

A 24
a) Lesen Sie und vergleichen Sie mit *Ihrer* Sprache.
b) Ergänzen Sie „bis“ und „seit“.

→ Ü 24

Wiederholung: Nebensätze mit Subjunktoren

Als Lilit 10 Jahre alt war, hat sie Deutsch gelernt.
Ich brauche eine Arbeit, weil ich kein Geld habe.
Ich glaube, dass ich eine nette Familie gefunden habe.
Ich habe nachgefragt, wenn ich etwas nicht verstanden habe.
Das Essen hat toll geschmeckt, bis ich süße Suppe probieren musste.
Seit ich auf der Insel Rügen war, liebe ich das Meer.

A 25
a) Markieren Sie die Verben im Nebensatz.

Subjunktoren
Nebensätze mit: *als,* ______________________________

b) Sammeln Sie die Subjunktoren.

→ Ü 25 – 26

9 Medien im Alltag

Bürokommunikation

2.21 **A 1**
Medien benutzen
a) Welche Geräte hören Sie? Suchen Sie auf dem Foto.

→ Ü 1

b) Welche Geräte benutzen Sie wann?

A 2
Was macht Frau Fischer?

1. Computer einschalten

→ Ü 2

Guten Morgen, lieber Schreibtisch, ich bin wieder da!
Jeden Tag beginne ich um 8.00 Uhr mit dem gleichen Ritual:
Ich schalte den Computer ein. Ich gebe das Passwort ein und gehe ins Netz. Ich muss meine E-Mails lesen, deshalb öffne ich die Mailbox. Es gibt 14 neue E-Mails! Die wichtigsten beantworte ich sofort. Meine Antworten lege ich in meinem Ordner ab. Einige soll ich für den Chef ausdrucken, damit er sie lesen kann. Manche Mails lösche ich, andere speichere ich oder leite sie an Kollegen weiter.

2.29 **A 3**
Informationen notieren
a) Hören Sie.

Wer? Was? ...

b) Vergleichen Sie mit dem Kalender. Was ist das Problem?

→ Ü 3

Zuerst ein Blick auf den Kalender: Welche Termine habe ich heute?
Dann höre ich den Anrufbeantworter ab. Ich notiere die Anrufe.
Jeden Morgen der gleiche Stress:
Termine, Termine, Termine – und alle auf einmal!
9.00 Uhr Kaffeepause!

13.00: Mittagessen mit Monika

Nachmittag: Weber anrufen

Di	**6. Juli**
9.00	
11.00	*Chef: Konferenzzimmer*

2.32 **A 4**
Termine finden
a) Welchen Termin finden Frau Fischer und Frau Bock?

→ Ü 4

b) Spielen Sie: Frau Fischer macht einen Termin mit Herrn Weber.

● Technodata. Sie sprechen mit Sieglinde Bock.
○ Guten Morgen, Frau Bock! Hier ist Ines Fischer. Ich rufe wegen dem Termin an.
● Schön, dass Sie anrufen, Frau Fischer. Sehen wir uns um zwölf?
○ Nein, das geht leider nicht, da habe ich eine Besprechung. Aber heute Vormittag habe ich Zeit.
○ Oh, der Vormittag passt bei mir überhaupt nicht. Geht es bei Ihnen auch um eins? Dann essen wir zusammen.
○ Da kann ich auch nicht. Aber ab zwei Uhr habe ich Zeit.
● Ja, das passt mir gut. Ich komme dann um zwei ...

Um halb zwei treffe ich Monika. Sie ist verärgert:

- ● Ich warte schon eine halbe Stunde und dein Handy ist ausgeschaltet!
- ○ Tut mir leid, wir hatten eine Besprechung. Und da muss das Handy aus sein.
- ● Ich habe eine SMS von Roland. Wir sollen um acht beim Kino sein.
- ○ Prima! Ich schreibe ihm schnell eine SMS, dass wir kommen. Und ein Foto von uns schicke ich auch, damit er was zu lachen hat! Lächeln! Klick – und fertig!
- ● Hast du ein Handy mit Kamera? Wie geht das?
- ○ Es geht ganz einfach ...

A 5
Funktionen beschreiben
a) Lesen Sie. Was bekommt Roland?

→ Ü 5

b) Hören Sie. 2.33
Wie schickt Ines das Handy-Foto?

→ Ü 6

Um fünf sitze ich immer noch am Computer. Ich schalte den Computer aus und packe meine Tasche. Halt, ich muss ja noch das Foto für Monika ausdrucken! Mist! Ich schalte den Computer wieder ein ...

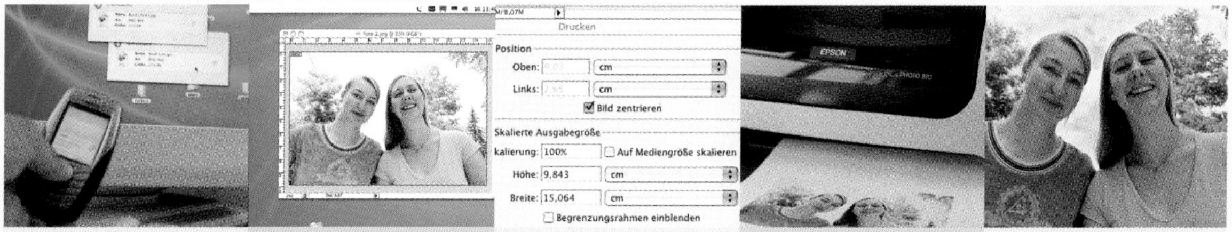

1	2	3	4	5
Das Handy mit dem Computer verbinden – USB-Kabel	Handy-Foto als JPG-Datei auf dem Computer speichern, anklicken und öffnen	Programm „Drucken" wählen und öffnen: Farbe und Papierqualität markieren	Fotopapier in den Drucker legen und Handy-Foto ausdrucken	Fertig!

A 6
Wie druckt man ein Handy-Foto?

Zuerst muss man ...
Danach ...

→ Ü 7

Medien benutzen

Arbeitest du oft oder selten am Computer?	Täglich acht Stunden! Ohne Computer könnte ich ...
Wann hörst du besonders gern Radio?	Bei der Arbeit höre ich oft Radio.
Wie informierst du dich?	Ich lese jeden Morgen die Zeitung.
	Ich sehe mir die Nachrichten im Fernsehen an.

Einen Termin finden

Geht es bei Ihnen um 12?	Nein, um 12 kann ich leider nicht.
Haben Sie heute Vormittag Zeit?	Oh, der Vormittag passt mir überhaupt nicht.
Treffen wir uns um 2?	Ja, das passt mir gut.

Funktionen beschreiben

Wie funktioniert das?	Zuerst muss man das Kabel einstecken und dann ...
Was braucht man dazu?	Du brauchst einen Computer, ein Kabel und ...
Was muss ich machen, um ...	Einfach die Datei anklicken und dann ...

A 7
Welches Gerät haben Sie heute benutzt? Wie funktioniert es?

Kaffeemaschine ...

„Benimm-Regeln“ für das Handy

A 8
Stellung nehmen
a) Lesen Sie. Was meinen Sie?

→ Ü 8 – 9

b) Schreiben Sie Ihre „Regeln“ auf.

Stellen Sie den Klingelton vom Handy auf Reisen möglichst leise oder noch besser: Schalten Sie auf Vibrationsalarm.
T-mobile

Machen Sie das Handy aus, wenn Sie in öffentlichen Räumen sind. *Beate H., Zürich*

Einverstanden! Guter Vorschlag!
Sven K., Kiel

In der Kneipe lege ich mein Handy immer auf den Tisch. Vielleicht kommt ein wichtiger Anruf! *Susi K., Bregenz*

Ich finde es nicht gut, wenn Leute im Bus oder in der Bahn telefonieren. Die sollen warten, bis der Bus hält!
Franz U., Hamburg

Wenn ich merke, dass mein Gespräch andere Menschen stört, gehe ich raus.
Sonja M., Köln

Telefonieren Sie auf keinen Fall mit Ihrem Handy beim Autofahren. Es ist gefährlich und verboten!
ADAC, München

Wenn man einen wichtigen Anruf erwartet, kann man sich ja vorher entschuldigen ...
Ernst K., Mannheim

Große leere Räume sind ideal zum Telefonieren, z.B. Kirchen, Museen und Bibliotheken! *Christine A., Wien*

So ein Unsinn! Die sollen rausgehen! *Damian Z., Berlin*

A 9
Wählen Sie A, B oder C. Wie geht die Geschichte weiter?

→ Ü 10 – 11

A
Neulich sitzen wir gemütlich im Café, wir trinken Kaffee und unterhalten uns ganz wunderbar – plötzlich macht es „piiep-piiep-piiep“. Meine Bekannte zieht ihr Handy aus der Handtasche und redet und redet.
Ich ...

B
Gestern Abend waren wir im Kino. Ein spannender Film. Da klingelt mein Handy.
Die Leute ...

C
Letzte Woche haben wir im Sprachkurs ein Test-Training gemacht. Alle waren sehr konzentriert. Da klingelt ein Handy ...

Stellung nehmen
Ich finde nicht gut, wenn Leute im Restaurant telefonieren!
Ich finde, die sollen rausgehen, wenn sie ...
Ich finde, dass ...

Das finde ich auch nicht gut.
Da bin ich nicht einverstanden.
Einverstanden, das finde ich auch.

Wichtige Wörter markieren – Thema finden

Unfall • Kultur • Politik • Stau • Wetter • Verbrechen • Sport

A 10
a) Markieren Sie je drei wichtige Wörter. Was ist das Thema?

b) Hören Sie. 2.34 Welche Texte passen?

→ Ü 12

A 11
Suchen Sie Texte. Arbeiten Sie wie in A 10.

A *Wetter*

Steigende Temperaturen
Trotz leichter Bewölkung im Süden meist sonnig. In den Bergen Gewitter möglich. Höchsttemperaturen zwischen 12 und 14 Grad.

B ______

Männerstaffel holt Gold
Die deutsche Biathlonstaffel hat erneut die Goldmedaille gewonnen. Die norwegische Staffel wird Zweiter, knapp vor den Italienern auf Platz drei.

C ______

Gewerkschaften gegen Sparpolitik der Regierung
Hunderttausende protestieren gegen die Sparpolitik von Rot-Grün. Die Gewerkschaft: „Jetzt ist Schluss! Wir streiken!“

Termine finden

A 12
Sie wollen zusammen lernen. Lesen Sie die Miniglossare und handeln Sie einen Termin aus.

→ Ü 13 – 14

Wochenplan A		
Mo	Tag	*Arbeiten*
	Abend	*Deutschkurs*
Di	Tag	
	Abend	*Kino mit Boris*
Mi	Tag	
	Abend	*Deutschkurs*
Do	Tag	*Arbeiten*
	Abend	
Fr	Tag	*Arbeiten*
	Abend	*Deutschkurs*
Sa	Tag	
	Abend	
So	Tag	
	Abend	*Essen bei Andrea*

Wochenplan B		
Mo	Tag	
	Abend	*Deutschkurs*
Di	Tag	*Arbeiten*
	Abend	*Sport*
Mi	Tag	
	Abend	*Deutschkurs*
Do	Tag	*Arbeiten*
	Abend	
Fr	Tag	
	Abend	*Deutschkurs*
Sa	Tag	*Arbeiten*
	Abend	*Party bei Monika*
So	Tag	
	Abend	

Vorschlag
Kannst du morgen Abend?
Treffen wir uns morgen Abend?
Geht es bei dir morgen?
Hast du morgen Abend Zeit?

Zusage
Ja, wann?
Ja, das ist gut.
Ja, das passt mir gut.
Morgen Abend kann ich.

Absage
Nein, leider nicht.
Nein, morgen kann ich leider nicht.
Es tut mir Leid, aber morgen geht es nicht.
Am Abend habe ich keine Zeit.

Gegenvorschlag
Wann hast du denn Zeit?
Passt der Dienstag?
Geht es am Nachmittag?
Treffen wir uns um fünf?

Medien

A 13
a) Notieren Sie Ausdrücke zu jedem Bild.

Computer • CD • Datei • SMS • Maus • Programm • Adresse • E-Mail • Diskette
DVD-Player • Drucker • Internet • Handy • Theater • Eintrittskarte • Telefonbuch
Fernseher • Film • Zeitung • Kino • Musik • Radio • Video • Kassette
Anrufbeantworter • Sendung

markieren • einschalten • kopieren • einlegen • ausschalten • wählen • ausdrucken
speichern • starten • klingeln • kaufen • fotografieren • schicken • lesen • hören
fernsehen • schreiben • empfangen • beantworten • öffnen

1. Zeitung kaufen
Programm lesen,
Sendung auswählen,
Fernseher ...

2. Maus anklicken,
öffnen, ...

3. SMS empfangen,
...

b) Beschreiben Sie den Ablauf.

→ Ü 15 – 16

1. Am Kiosk kaufe ich eine Zeitung. Ich lese das Fernsehprogramm und wähle ...
2. ...

Bürokommunikation früher und heute

2.40

A 14
a) Hören und notieren Sie:

Früher hat man zuerst ...
Heute ...

b) Wie arbeiten Sie? Machen Sie Notizen und berichten Sie!

→ Ü 17

Tätigkeiten früher
einen Brief mit der Schreibmaschine / von Hand schreiben
den Brief in einen Briefumschlag stecken
die Adresse auf den Umschlag schreiben
eine Briefmarke auf den Umschlag kleben
den Brief zur Post bringen
den Brief in den Briefkasten werfen

Tätigkeiten heute
einen Brief am Computer schreiben ...

der Schreibtisch • der Computer • der Stuhl
die Tastatur • die Maus • der Kugelschreiber
der Briefumschlag • der Bleistift • die Kopie
das Blatt Papier • die Briefmarke
der Brief • der Anrufbeantworter
die Schreibmaschine • das Dokument
der Drucker • der Fotokopierer
das Korrekturprogramm • die Rechnung

Vokale: ü-Laute – lang, kurz

1.	☐	☐	☐	4.	☐	☐	☐
2.	☐	☐	☐	5.	☐	☐	☐
3.	☐	☐	☐	6.	☐	☐	☐

A 15 2.41
a) Wo hören Sie das lange [yː]? Kreuzen Sie an.

[yː] Süden, kühler
Frühstück, gemütlich

Im Süden ist es kühler. ↘
Ein Frühstück mit Freunden ist gemütlich. ↘

b) Hören und sprechen Sie. 2.42

1.	☐	☐	☐	4.	☐	☐	☐
2.	☐	☐	☐	5.	☐	☐	☐
3.	☐	☐	☐	6.	☐	☐	☐

A 16 2.43
a) Wo hören Sie das kurze [y]? Kreuzen Sie an.

[y] fünf, Büro, München
müssen, ausfüllen

Um fünf Uhr in unserem Büro in München. ↘
Sie müssen das Formular ausfüllen. ↘

b) Hören und sprechen Sie. 2.44

Silben verbinden

A 17 2.45
a) Hören und sprechen Sie.

Das Handy muss aus‿sein ['ausain]. ↘

Zwei gleiche Konsonanten: Man spricht nur den zweiten Konsonanten: stimmlos – [s] oder [t].

Das ist mein Lieblings‿sender. ↘ Wie sind die Aus‿sichten? ↘ Und die Höchst‿temperatur? ↗

b) Hören und sprechen Sie. 2.46

Hast‿du ['hasdu] ein Handy? ↗

„t“ und „d“: Man spricht nur den zweiten Konsonanten: stimmlos.

Arbeitest‿du viel? ↗ Hörst‿du gern Radio? ↗ Siehst‿du oft fern? ↗ Siehst‿du dir gern Filme an? ↗

Rhythmisch sprechen

A 18 2.47
a) Hören Sie.
b) Sprechen Sie:
– mit dem Buch
– ohne Buch

- ● Ich sehe | in die Mailbox. ↘
- ○ zum letzten Mal
- ● Ich sehe | zum letzten Mal | in die Mailbox. ↘
- ○ heute Abend
- ● Ich sehe | heute Abend | zum letzten Mal | in die Mailbox. ↘

Schwierige Wörter aussprechen

A 19 2.48
Sprechen Sie.

Lieblingssender	mein Lieblingssender	Das ist mein Lieblingssender. ↘
Anrufbeantworter	auf dem Anrufbeantworter	Eine Nachricht auf dem Anrufbeantworter. ↘
Bushaltestelle	an der Bushaltestelle	Er wartet an der Bushaltestelle. ↘

Hauptsatz + Hauptsatz mit „deshalb“

A 20
a) Verbinden Sie die Sätze mit „deshalb“.

Hauptsatz 1	*Und was jetzt?* „Konsequenz“	**Hauptsatz 2**
Ich muss meine E-Mails lesen.		Ich öffne die Mailbox.
Manche E-Mails sind für Kollegen wichtig.		Ich leite die Mails weiter.

Ich muss meine E-Mails lesen, ____ *deshalb* ____

____ , ____

b) Vergleichen Sie: Sätze mit „weil“.

Ich öffne die Mailbox, **weil** ich meine E-Mails lesen muss.

→ Ü 18

Regel Verbindungsadverb „deshalb“

Ergänzen Sie.

„Deshalb“ verbindet zwei Hauptsätze.

Im Hauptsatz 1 und im Hauptsatz 2 steht das konjugierte Verb auf Position ____________.

Satz: Nebensatz mit „damit“

A 21
Verbinden Sie die Sätze mit „damit“.

→ Ü 19 – 20

Hauptsatz 1	*Ziel?*	**Hauptsatz 2**
Einige E-Mails drucke ich für den Chef aus.		Er kann sie lesen.
Wir schicken ihm ein Foto.		Er hat was zu lachen.

Hauptsatz	**Nebensatz mit „damit“**
Einige E-Mails drucke ich für ... ,	*damit er ....*
____ ,	____

Regel Nebensatz mit „damit“

Ergänzen Sie.

In Nebensätzen mit „damit“ steht das konjugierte Verb ____________________,
genauso wie in Nebensätzen mit „weil“, „wenn“, „dass“, „als“ „bis“ und „seit“.

Verwendung von „es"

Es regnet. ______________________

Wie geht **es** dir? ______________________

Es ist gefährlich! ______________________

A 22
a) Vergleichen Sie mit *Ihrer* Sprache.

Es donnert. **Es** gibt 14 neue E-Mails. Geht **es** bei Ihnen auch um ein Uhr? **Es** klingelt. Plötzlich macht **es** „piiep-piiep-piiep". **Es** schneit. Wo gibt **es** bitte die Tickets? Heute ist **es** sehr heiß. Wie spät ist **es? Es** blitzt.

Wetterverben	**Ausdrücke, die mit „es" stehen können**
es regnet,	*es geht,*

b) Schreiben Sie die Sätze in die Tabelle.

➜ Ü 21 – 22

Modalverb „sollen"

Seid um acht beim Kino.
↓
Ich habe eine SMS von Roland.
Wir sollen um acht beim Kino sein. ______________________

Franz findet, die Leute sollen warten, bis der Bus hält. ______________________

Chef: „Drucken Sie diese E-Mails für mich aus."
↓
Sie sollen diese E-Mails für den Chef ausdrucken. ______________________

A 23
Markieren Sie „sollen" und vergleichen Sie mit *Ihrer* Sprache.

Mit dem Modalverb „sollen" kann man eine Bitte oder eine Aufforderung ausdrücken.

Konjugation von „sollen"

Die Verb-Endungen von „sollen" sind wie bei „können".
ich kann, du kannst, er/es/sie kann, … *ich soll*
du …

A 24
Machen Sie eine Tabelle mit den Formen von „sollen".

➜ Ü 23 – 25

Was ist Heimat?

A 1
„Heimat" definieren
a) „Heimat" – was ist das? Lesen Sie A – D und sammeln Sie.

J. Greiner: Wohnung, …

→ Ü 1

2.49 b) Hören Sie. Ergänzen Sie Ihre Notizen.

→ Ü 2

A
Josef Greiner, 54, Schreiner, wohnt seit 40 Jahren am gleichen Ort. Er sagt, dass für ihn seine Wohnung und sein Dorf „Heimat" bedeuten. Er sagt auch, dass er sich zu Hause fühlt, wenn er seinen Dialekt sprechen kann.

B
Sabrina Graf, 32, arbeitet als Mode-Designerin. Sie ist ständig unterwegs, von Berlin nach London und Paris. Sie fühlt sich zu Hause, wenn sie ihren Laptop anschließen kann. Mit Heimatgefühlen kann sie nichts anfangen. Aber etwas aus ihrer Kindheit hat sie immer dabei.

A 2
a) Lesen Sie. Notieren Sie wichtige Begriffe.
b) Suchen Sie Beispiele in A – D.

Was ist Heimat? Niemand definiert den Begriff „Heimat" gleich. Viele Menschen denken an Natur und Landschaft oder an Sprachen, Klänge, Gerüche. Andere denken an jemand aus ihrer Kindheit, oder sie definieren Heimat mit Symbolen. Welche Definition ist richtig? Natürlich jede, denn es gibt viele Arten von Heimat.

A 3
Über Heimat sprechen
Was gehört für Sie zu Heimat?

→ Ü 3

C

Rosanna Rossi, 36, Tochter von italienischen Gastarbeitern, ist in Bochum geboren und aufgewachsen. Jeder Besuch bei den Eltern ist wie eine Reise in ihre zweite Heimat. Vor allem, wenn es ihr Lieblingsessen gibt.

D

George W. Adoube, 27, kommt aus Ghana und spielt seit einem halben Jahr in Deutschland Fußball. Er sagt, dass ihm an seinem Job fast alles gefällt, aber dass ihm seine Familie und seine Freunde fehlen. „Aber ich habe zwei Dinge, die gegen das Heimweh helfen", sagt er und lacht.

1

Spaghetti Napoli
300 g Spaghetti
1–2 weiße Zwiebeln
4 EL Olivenöl
3–4 Knoblauchzehen
3–4 Fleischtomaten
1 Bund Basilikum
200 g Mozzarella
Salz, Pfeffer

2

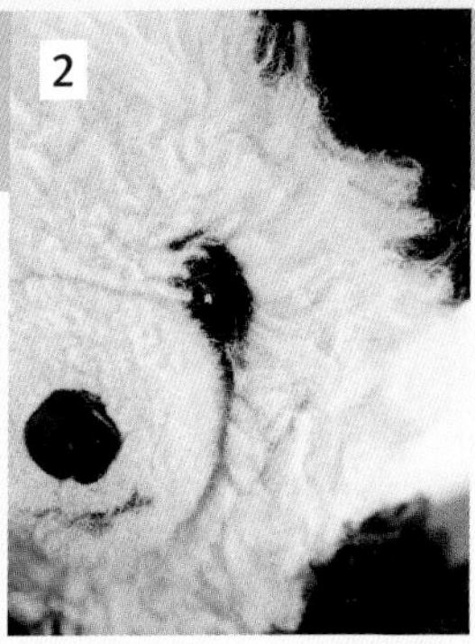

3

4

A 4 2.53

Hören Sie.
Ordnen Sie die Abbildungen den Personen zu.

→ Ü 4–5

Heimat definieren

Was ist Heimat für Sie?	Das ist mein Dorf, meine Nachbarn, ...
Was bedeutet Heimat für dich?	Heimat bedeutet für mich ...
Was gehört für dich zu Heimat?	Für mich gehört zu Heimat ...
Meine neue Heimat ist ...	Früher war Heimat für mich ...

Gründe nennen

Was nimmst du mit?	Ich nehme auf jeden Fall ... mit.
Warum nimmst du ... mit?	Weil ... für mich Heimat bedeutet.
	Weil ich ... fast jeden Tag brauche.
	Ich kann ohne ... nicht leben.

A 5

Gründe nennen

Ein Jahr auf einer einsamen Insel: Welche 3 Dinge aus Ihrer Heimat nehmen Sie mit? Warum?

→ Ü 6

Deutschland? Österreich? Schweiz? Ein Quiz

2.54

A 6
Vermutungen äußern
Hören Sie: Wo ist das?

→ Ü 7

A 7
a) Sortieren Sie die Bilder: D–A–CH

1	D	
2		

→ Ü 8

2.55

b) Hören Sie. Ordnen Sie A – F den Bildern zu.
c) Hören Sie noch einmal. Notieren Sie Informationen.

→ Ü 9

1

2

3

4

5

6

7
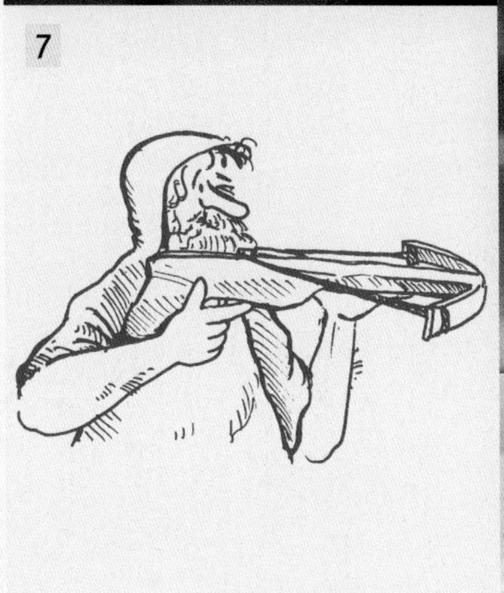

8

9

A 8
a) Bringen Sie ein Bild mit. Schreiben Sie einen Text.
b) Lesen Sie Ihre Texte vor. Die anderen raten.

Vermutungen äußern
Bild 1 ist ...
Vielleicht ist das ...
Es kann sein, dass ...
Das ist wahrscheinlich ...
Ich glaube, das ist ...
Bild 3 passt für mich zu ...

Bilder beschreiben
Auf dem Bild sieht man ...

Lesen testen

Wenn ich eine Lösung nicht sofort finde, dann mache ich zuerst die nächste Aufgabe. Oft bleibt am Schluss die richtige Lösung übrig.
Brian, 26, London

Manchmal können zwei Lösungen passen. Dann lese ich die Fragen noch mal genau und markiere die Schlüsselwörter. Das hilft!
Judit, 32, Budapest

A 9
Schreiben Sie *Ihre* Test-Tipps. Vergleichen Sie.

A 10
Lesen Sie a – h und 1 – 5. Welche Anzeige passt? Für eine Aufgabe gibt es keine Lösung. Markieren Sie hier mit X.

→ Ü 10

Beispiel

0 Sie möchten Ihr Wohnzimmer neu einrichten und Ihr altes Sofa und Ihre Sessel verkaufen. **Lösung:** Anzeige c

Situation	0	1	2	3	4	5
Anzeige	c	☐	☐	☐	☐	☐

1 Sie suchen einen Job am Wochenende. Sie haben immer nebenbei gearbeitet.
2 Eine Freundin sucht Arbeit. Sie reist gerne. Sie hat einen PKW-Führerschein.
3 Sie sprechen gut Französisch und möchten in einem Hotel arbeiten. Sie können zu jeder Zeit arbeiten.
4 Ein Freund sucht einen Nebenjob für ein paar Stunden. Er kann gut kochen.
5 Ein Bekannter von Ihnen sucht eine Stelle als Fahrer. Er hat den Führerschein für Lastwagen und möchte keine langen Fahrten machen, weil er ein kleines Kind hat.

Möbelhaus sucht Ausfahrer!
LKW-Führerschein notwendig! 5-Tage-Woche, gute Bezahlung, nur regionale Auslieferung. Rufen Sie an: Möbelhaus Peinter, Frau Kraft Tel. 0 87 31 - 2 00-4

a

Für unseren **Heimatabend** suchen wir einen Koch – auch ohne Ausbildung!
Musikverein Tirolerland Tel. 0 52 34 - 44 12 44

b

Junge Familie sucht Wohnzimmereinrichtung: Sofa, Sessel usw. bis 250 Euro. Tel. 04 21 - 84 45 32 abends

c

Heimatmuseum sucht Kassenhilfe.
Nur Samstag/Sonntag! Flexibel und schnell abrufbar. Erfahrung erwünscht!
Heimatmuseum Massing, 0 85 44 - 88 89 99

d

Sie haben den LKW-Führerschein? Sie reisen gerne? Dann sind Sie für uns der Richtige! **Spedition sucht Fahrer** für die Strecke Berlin-Istanbul. Türkisch-Kenntnisse erwünscht.
Spedition Deutz Tel. 019 - 74747-5, Herr Kramer

e

Parlez vous français? Nachtportier m/w für Hotelrezeption gesucht. 22.00 bis 6.00 Uhr, 5-Tage-Woche, gute Bezahlung!
Hotel Saint-Germain, Lutry Tel. 0 21 - 31 10 42

f

Küchenhilfe gesucht! Deutschkenntnisse Voraussetzung. Vollzeit in Festanstellung, Wohnung im Haus! Gasthaus Salzburg Tel. 06 62 - 40 40 32

g

Büroauflösung! Alles muss raus! Aktenschrank, Schreibtisch, Regale. Topzustand, ca. 2 Jahre alt. Nur 500,-SFr. Selbstabholung in Fribourg, Tel. 0 26 - 481 45 31

h

Heimat

A 11
a) Bilden Sie Gruppen. Jede Gruppe wählt ein Thema und sammelt:

Orte
Personen
Landschaften

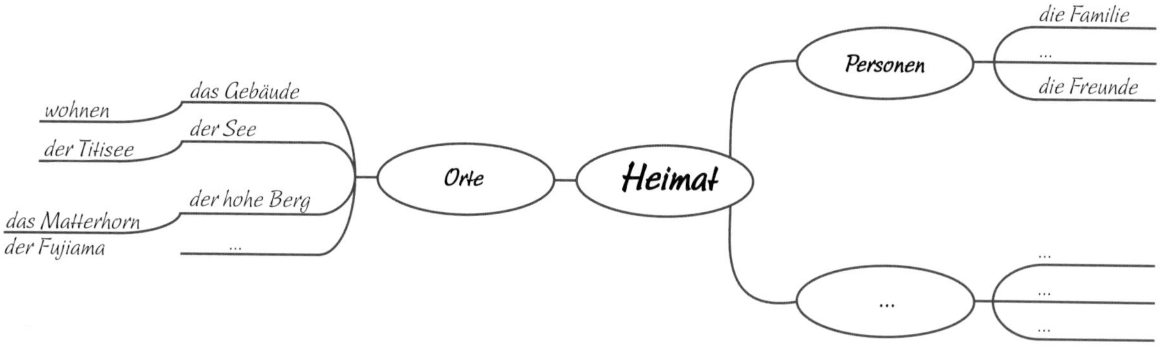

→ Ü 11

b) Machen Sie Plakate.

der Ort • denken an • schön • der Berg • gehören zu • der Lärm • hoch • bekannt
die Heimat • das Dorf • das Heimweh • sich wohl fühlen • der Dialekt • die Familie
aufwachsen • die Freunde • die Bekannten • bedeuten • der Besuch • weit
das Lieblingsessen • wichtig • klein • die Landschaft • die Kindheit • der Klang

Wohnen

2.56

A 12
a) Hören Sie. Welches Foto passt?

→ Ü 12 – 13

b) Beschreiben Sie eine Wohnung.

→ Ü 14

1

2

3

billig • heizen • hell • leer • mieten • wohnen mit • das Bild • das Holz
das Wohnzimmer • der Balkon • der Platz • die Heizung • die Miete • die Wand
elektrisch • gemütlich • klingeln • kündigen • liegen • möbliert • modern • nett
Ordnung machen • ruhig • sauber machen • umziehen • zentral • das Dach • das Kissen
die Möbel • das Regal • der Boden • der Sessel • der Vertrag • die Decke • das Zimmer
die Haustür • das Sofa • die Lampe • die Terrasse • die Treppe

Silben trennen: Knacklaut [ʔ]

Eltern [ʔɛltɐn] **a**ls [ʔals] Gast**a**rbeiter [gastʔarbaitɐ]

A 13 2.59
a) Hören Sie.
b) Sprechen Sie.

Vokale am Anfang von Wörtern oder Silben spricht man im Deutschen härter als in vielen anderen Sprachen: Es „knackt". **Der Knacklaut** [ʔ] trennt Silben und Wörter gut hörbar.

ihre / ist / immer / Italien — Ihre Heimat ist immer noch Italien. ↘

ich / ein / italienisch — Ich bin eine italienische Deutsche. ↘

er / an / einem / anderen / Ort — Er wohnt an einem anderen Ort. ↘

er / interessant / Arbeit — Er hat eine interessante Arbeit. ↘

um / acht / Uhr / isst / Abend — Um acht Uhr isst er zu Abend. ↘

immer / an / ihre — Sie denkt immer an ihre Kindheit. ↘

Rhythmisch sprechen

A 14 2.60
a) Sprechen Sie:
– mit dem Buch
– ohne Buch

● Meine Eltern sind | als Gastarbeiter | gekommen. ↘
○ vor 40 Jahren
● Meine Eltern sind | vor 40 Jahren | als Gastarbeiter | gekommen. ↘
○ aus Neapel
● Meine Eltern sind | vor 40 Jahren | als Gastarbeiter | aus Neapel | gekommen. ↘
○ nach Deutschland
● Meine Eltern sind | vor 40 Jahren | als Gastarbeiter | aus Neapel | nach Deutschland | gekommen. ↘

Er möchte arbeiten – bald / in einem Hotel / in unserer Stadt / als Koch
Wir suchen Hilfe – am Samstag / für den Musikclub / in der Hauptstraße

b) Bauen Sie die Sätze auf.

Erzählen

A 15 2.61
a) Hören Sie.
b) Markieren Sie die Satzakzente.
c) Lesen Sie laut.

Ich war vier Wochen bei meinen Eltern in Kenia. Sie wohnen nicht weit weg von Nairobi. Im Haus von meinen Eltern habe ich mich wohlgefühlt. Meine Familie und meine Freunde haben sich gefreut, dass ich sie besucht habe. Wir haben zusammen gegessen und getrunken und viel über die alten Zeiten geredet. Vor allem habe ich das Essen genossen.

Seit einer Woche bin ich wieder in Deutschland. Meine Freunde haben mich am Flughafen abgeholt und wir haben zusammen ein kleines Fest gemacht. Jetzt sind meine Ferien zu Ende und ich gehe wieder jeden Tag zur Arbeit.

Redewiedergabe: Possessiv-Artikel

A 16
a) Lesen Sie den Text links. Markieren Sie die Possessiv-Artikel.
b) Ergänzen Sie rechts die Possessiv-Artikel.
2.49 c) Hören Sie A 1 A und B und kontrollieren Sie.
→ Ü 15 – 18

Redewiedergabe durch eine andere Person	**direkte Rede**
Josef Greiner sagt, dass für ihn seine Wohnung und sein Dorf „Heimat" bedeuten. Er sagt auch, dass er sich zu Hause fühlt, wenn er seinen Dialekt sprechen kann.	Heimat ist für mich zuerst einmal _meine_ Wohnung. ... Dann denke ich an ________ Dorf ... Wenn ich ________ Dialekt sprechen kann, dann fühle ich mich zu Hause. ...
Sabrina Graf fühlt sich zu Hause, wenn sie ihren Laptop anschließen kann. Aber ein Stück aus ihrer Kindheit hat sie immer dabei.	Heimat ist für mich der Ort, wo ich ________ Laptop anschließen kann. Aber ein kleines Stück aus ________ Kindheit habe ich immer dabei.

Unsere Heimat ist die Familie.

Familie Probst sagt, dass **ihre** Heimat die Familie ist.

Regel

Ergänzen Sie.

Possessiv-Artikel in der direkten Rede				**Possessiv-Artikel in der Redewiedergabe durch eine andere Person**	
1. Person:	_mein-_	(Singular)	→	3. Person: ____, _sein-_, ____	(Singular)
	uns(e)r-	(Plural)	→	____	(Plural)

Personalpronomen in der direkten Rede				**Personalpronomen in der Redewiedergabe durch eine andere Person**	
1. Person:	_ich_	(Singular)	→	3. Person: ____, _es_, ____	(Singular)
	____	(Plural)	→	____	(Plural)

Indefinitpronomen: „jemand“, „niemand“, „etwas“, „nichts“, „alles“

- ● Herr Adoube, geht es Ihnen gut?
- ○ Eigentlich schon. Ich fühle mich sehr wohl hier. Nette Kollegen im Team, super Trainer, und die Fans mögen mich.
- ● Was fehlt Ihnen dann?
- ○ Na ja, fast alles aus meiner Heimat. In Ghana ist zum Beispiel das Essen ganz anders. ... Und zu Hause besuchst du einfach deine Freunde, wenn du Lust hast. Dann redet man oder isst und trinkt etwas. Hier musst du dich zwei Wochen vorher anmelden, wenn du Leute besuchen willst. Niemand hat Zeit.
- ● Haben Sie Heimweh?
- ○ Ja, irgendwie schon. Mir fehlt meine Familie, meine Freunde und jemand zum Reden. Nichts ist so wie zu Hause.

A 17 2.52
a) Hören Sie A 1 D und markieren Sie die Indefinitpronomen im Dialog.

	Personen	**Sachen**
etwas	☐	☒
niemand	☐	☐
jemand	☐	☐
alles	☐	☐
nichts	☐	☐

b) Kreuzen Sie an.

→ Ü 19 – 20

Wiederholung: Redewiedergabe und Vermutungen

Er sagt, dass für ihn seine Wohnung und sein Dorf „Heimat“ bedeuten.

Es kann sein, dass er Heimweh hat.

Sabrina Graf meint, dass sie mit Heimatgefühlen nichts anfangen kann.

Ich glaube, dass sie auch manchmal Heimweh hat.

George W. Adoube findet, dass zwei Dinge gegen Heimweh helfen.

Er erzählt, dass für ihn die Freunde sehr wichtig sind.

Rosanna Rossi beschreibt, dass jeder Besuch bei ihren Eltern wie eine Reise in die Heimat ist.

Wahrscheinlich liegt das auch an dem Essen, das es bei den Eltern gibt.

Meine Freundin berichtet, dass sie einen Job in London sucht.

Vielleicht möchte sie eine Zeit im Ausland leben. Ich denke, dass ihr Mann nicht mitgehen will.

A 18
a) Markieren Sie: Verben und Ausdrücke:
- zur Redewiedergabe
- zum Ausdruck von Vermutungen.

Verben und Ausdrücke zur Redewiedergabe	*Vermutungen ausdrücken*
sagen; meinen; ...	*es kann sein, dass ... ; glauben; ...*

b) Notieren Sie die Verben und Ausdrücke.

→ Ü 21 – 22

Einladung

A 1
Auf eine Einladung reagieren
a) Wer lädt ein? Was feiert man?
→ Ü 1

b) Wie reagiert man bei Ihnen auf eine Einladung?

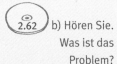

Brief, Telefon

Wir heiraten am 27. Juli und möchten euch herzlich einladen.

Die Trauung findet um 11 Uhr in der St. Stephanskirche in Konstanz statt. Danach fahren wir mit dem Schiff zur Insel Reichenau und feiern im Restaurant Kreuz. Wir freuen uns auf ein schönes Fest.

Petra Wolf und Uwe Hey
Seestraße 25, D-78464 Konstanz
Tel. 078 9178 488
p.wolf@t-online.de

Wir bitten um eine Nachricht bis zum 30. Juni.

TechnoData
Neue Straße 3
D - 88010 Friedrichshafen

10 Jahre – Wir laden ein zum Jubiläum

Liebe Mitarbeiterinnen und Mitarbeiter,
liebe Freundinnen und Freunde unserer Firma!

Zu unserem Jubiläumsfest laden wir Sie alle ganz herzlich ein. Wir feiern:

am 27. 7. ab 16.00
im Seerestaurant – Lindau

Nach dem Essen spielt das Drei-Länder-Orchester zum Tanz.
Anschließend Disco mit DJ Seafood.

Für die Direktion
Ute Bayer

A 2
a) Lesen Sie. Wie reagieren Gabi und Andreas?

2.62 b) Hören Sie. Was ist das Problem?

c) Ergänzen Sie Ihre Notizen.

→ Ü 2–3

● Andreas, hast du die Karte gesehen? Petra und Uwe heiraten.
○ Petra und Uwe heiraten? Wirklich? Ist das wahr?
● Warum nicht? Petra möchte schon lange gern ein Kind. Und sie lieben sich.
○ Petra ja, aber Uwe? Das kann ich nicht glauben.
● Ach komm, ich freue mich. Uwe ist wirklich nett. Ich finde es toll, dass sie heiraten.
○ Ich ja auch, aber Uwe, das kann ich fast nicht glauben. Und wann ist das Fest?
● Moment, hier steht am 27. Juli, das ist der letzte Samstag im Juli.
○ Bist du sicher, Gabi? Am 27. Juli?
● Ja, warum?

A 3
a) Warum ruft Gabi Petra an?

2.63 b) Was planen Petra und Gabi?

→ Ü 4–5

● Petra Wolf.
○ Hallo, Petra, hier ist Gabi. Wir haben eure Einladung bekommen, und da wollte ich dir gratulieren.
● Danke, Gabi. Das ist lieb von dir.
○ Ich hab mich so gefreut, weißt du. Ich komme sicher, aber Andreas hat noch ein Problem. Er würde auch gern kommen, aber er hat noch eine andere Einladung. TechnoData feiert Firmenjubiläum.
● Ach nein! Wirklich? So ein Mist!

Ballhaus-Zindel | **web design grafik** | **Anna-Straße 14** | **A – 6900 Bregenz**

Bregenz, den 26. Juni

Sehr geehrte Frau Bayer,

ich möchte Ihnen zu Ihrem Jubiläum herzlich gratulieren und mich für die Einladung bedanken. Leider kann ich aus familiären Gründen nicht an Ihrem Fest teilnehmen. Ich möchte mich deshalb entschuldigen und wünsche Ihnen und allen Mitarbeiterinnen und Mitarbeitern von TechnoData ein fröhliches Fest.
Ich wünsche Ihnen auch in Zukunft viel Erfolg und hoffe weiterhin auf gute Zusammenarbeit.

Mit freundlichen Grüßen

Andreas Ballhaus-Zindel

A 4
a) Wie hat sich Andreas entschieden?

→ Ü 6

b) Hochzeit oder Jubiläum? Wo gehen Sie hin?

● Gabi, könntest du mal kommen? Meinst du, das geht so?
○ Ach nein, Andreas, bitte nicht. Willst du wirklich so zu einem Fest gehen?
● Warum nicht? Es ist Sommer und warm und ...
○ Das passt doch nicht zu einer Hochzeit! So kannst du nicht mitkommen. Petra und Uwe heiraten in der Kirche. Das ist ganz formell. Verstehst du?
● Was soll ich denn anziehen?
○ Du könntest das dunkle Sakko nehmen und dazu die gestreifte Hose.
● Und welches Hemd?

A 5
Ratschläge geben
a) Lesen Sie. Was rät Gabi Andreas?

b) Hören Sie. 2.64 Wie reagiert Andreas?

→ Ü 7 – 8

c) Sie sind eingeladen. Was ziehen Sie an? Spielen Sie.

→ Ü 9

Gefühle ausdrücken

Petra und Uwe heiraten.	Wirklich? Petra und Uwe? Ist das wahr?
Ich freue mich für sie.	Ja, ich finde es auch schön.
Ich habe am gleichen Tag einen anderen Termin.	Das ist aber blöd. Was machen wir jetzt?
Andreas kann vielleicht nicht kommen.	Ach nein! Das ist aber schade. So ein Mist!
Hoffentlich findet er eine Lösung.	Das hoffe ich auch.

Ratschläge geben

Was soll ich denn anziehen?	Du könntest das dunkle Sakko nehmen.
Passt das blaue Hemd?	Nein, das geht nicht. Zieh lieber die Jacke an.

Komplimente machen

Und wie findest du die Ohrringe?	Die sehen sehr schön aus.
Du siehst toll aus.	Danke.

A 6
Was gehört bei Ihnen zu einer Hochzeit?

Vorbereitung
Essen / Trinken

Feste feiern

2.65

A 7
Über Feste sprechen
a) Hören Sie. Was passt zu den Fotos?

→ Ü 10

1

2

3

b) Was tun die Leute? Lesen und notieren Sie.

Was? Wann? Wo?

→ Ü 11

Weihnachten In vielen Familien schmückt man einen Tannenbaum mit bunten Kugeln und Lichtern. Am Heiligabend, am 24. Dezember ist das Weihnachtsfest. In vielen Regionen werden Weihnachtslieder gesungen. Unter dem Weihnachtsbaum liegen die Geschenke für Kinder und Erwachsene. In vielen Familien geht man am frühen Abend oder um Mitternacht in die Kirche. An den Weihnachtsfeiertagen (25. / 26. 12.) gibt es ein Festessen.
Verwandte und Bekannte besuchen sich. Am Nachmittag zum Kaffee gibt es oft Weihnachtsgebäck. Mit diesem Fest feiern die Christen die Geburt von Jesus. Die Leute wünschen sich „Frohe Weihnachten!"

Ostern Ostern wird am Frühlingsanfang Ende März oder Anfang April gefeiert. Am Ostersonntag verstecken die Eltern bunte Eier und Süßigkeiten im Haus oder im Garten, die die Kinder dann suchen dürfen. In vielen Wohnungen steht ein Strauß mit den ersten grünen Zweigen. Mittags isst man in vielen Familien das traditionelle Osteressen: Lamm. Mit dem Osterfest endet die Fastenzeit. Die Christen feiern die Auferstehung von Jesus Christus. In vielen Gemeinden brennt in der Osternacht vor der Kirche ein großes Feuer, das Osterfeuer. Man wünscht sich „Frohe Ostern!"

Neujahr Den Abend des 31. Dezember verbringt man mit Freunden oder mit der Familie. Viele Leute gehen auch in ein Restaurant und essen das Silvestermenü. Junge Leute feiern oft Partys oder gehen in einen Club und tanzen. Silvester ist auch ein Anlass für „gute Vorsätze". Man sagt, dass man im neuen Jahr vieles besser machen will, z.B. mehr Sport, weniger essen. Pünktlich um Mitternacht wird mit Sekt angestoßen. Man sagt „Prosit Neujahr" und wünscht sich „ein gutes neues Jahr". Danach begrüßen viele das neue Jahr auf der Straße mit Feuerwerk und Silvesterraketen.

A 8
Welche Feste gibt es bei Ihnen? Erzählen Sie.

→ Ü 12

A 9
Vorsätze formulieren
Sie feiern Neujahr. Was möchten Sie nächstes Jahr anders machen?

Über Feste sprechen

Welche Feste gibt es im Frühling?	Im Frühling feiert man bei uns ...
Wie feiert ihr bei euch zu Hause Neujahr?	Bei uns ist das so: Wir feiern Neujahr ...
Was ist das wichtigste Fest bei euch?	Wir feiern Ostern nicht. Bei uns ist ... ein wichtiges Fest.

Vorsätze formulieren

Hast du einen Vorsatz für das neue Jahr?	Ich möchte nicht mehr rauchen.
Was möchtest du anders machen?	Ich will weniger essen. Ich muss abnehmen.

Eine kurze Mitteilung schreiben

Berlin, 25 Juni

Liebe Gabi,

herzlichen Glückwunsch zu deinem Geburtstag und vielen Dank für die Einladung. Ich komme gern zum Fest. Aber ich habe noch ein paar Fragen. Mein Freund Raoul aus Mexiko ist bis Ende September hier in Berlin. Darf er mitkommen? Und wo können wir übernachten? Könntest du mir vielleicht einen Tipp geben? Du kennst sicher ein billiges Hotel oder eine kleine Pension?

Ich freue mich auf deine Antwort. Liebe Grüße

Verona

1 Ort und Datum
2 Anrede
3 Gratulation/Dank
4 Zusage/Absage
5 Fragen/Antworten
6 Schlussformel
7 Unterschrift

A 10
a) Lesen und ordnen Sie.

→ Ü 13

Vielen Dank für die Gratulation. • Liebe Verona • Deine Gabi

Schreib mir bitte schnell, damit ich reservieren kann. • Bis bald.

Wir freuen uns, dass du kommen kannst. Und wir freuen uns auf Raoul.

Ihr könnt in der Pension Rosengarten übernachten. Sie ist in der Nähe und liegt ganz ruhig.

Konstanz, 29 Juni • Das Zimmer mit Frühstück kostet für zwei Personen 80 €.

Kommt ihr mit dem Zug oder mit dem Auto? Und wie lange wollt ihr bleiben?

b) Schreiben Sie die Antwort und vergleichen Sie mit 1 – 7.

Genau hören: höflich – unhöflich

1

2

A 11
a) Welches Bild passt?

unhöflich ____________

höflich ____________

1. Kannst du bitte eine Krawatte anziehen?
2. Würdest du bitte eine Krawatte anziehen?
3. Zieh eine Krawatte an!
4. Zieh bitte eine Krawatte an!
5. Könntest du bitte eine Krawatte anziehen?
6. Würdest du eine Krawatte anziehen?

freundlich 1, ______________________________

unfreundlich ______________________________

b) Lesen: Welcher Satz ist für Sie unhöflich?

c) Welche Sätze klingen freundlich, welche unfreundlich? 2.69

→ Ü 14

Gratulation und Komplimente

A 12
a) Was passt? Ordnen Sie.
b) Was feiert man bei Ihnen? Was sagt man? Ergänzen Sie.
→ Ü 15

nach einer Geburt
am Muttertag
nach einer Prüfung
beim Wohnungsfest
bei einer Heirat
am Geburtstagsfest
beim Essen
bei einer Party

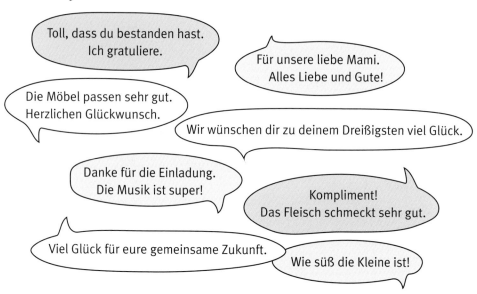

Toll, dass du bestanden hast. Ich gratuliere.
Für unsere liebe Mami. Alles Liebe und Gute!
Die Möbel passen sehr gut. Herzlichen Glückwunsch.
Wir wünschen dir zu deinem Dreißigsten viel Glück.
Danke für die Einladung. Die Musik ist super!
Kompliment! Das Fleisch schmeckt sehr gut.
Viel Glück für eure gemeinsame Zukunft.
Wie süß die Kleine ist!

Personen beschreiben

A 13
a) Welche Wörter kennen Sie? Markieren Sie.

hübsch • modern • dunkel • sauber • die Hose • dünn • kurz • rot • lang • schwarz
der Schuh • das Auge • schön • die Brille • der Ring • die Haare • hübsch • der Bart
locker • hässlich • gestreift • kariert • der Anzug • die Jacke • das Sakko
ausziehen • anziehen • der Rock • der Hut • dick • der Mantel • das Hemd • das Kleid
grau • hell • blond • die Krawatte • die Mode • probieren • die Halskette
der Handschuh • die Bluse • das Portmonee • das Halstuch • die Uhr

2.70 b) Hören Sie. Wo sind die Personen auf dem Foto?
→ Ü 16 – 17

c) Beschreiben Sie eine Person. Die anderen raten.

W-Fragen: ↘ oder ↗ ?

A 14 (2.71)
a) Hören Sie und markieren Sie die Sprechmelodie.
b) Sprechen Sie.

Fallende Sprechmelodie ↘ :	sachlich-neutral
Steigende Sprechmelodie ↗ :	freundlich-persönlich

Wie lange ist es noch bis Weihnachten? (↘)	Wie lange ist es noch bis Weihnachten? (↗)
Wen wollen wir einladen? (↗)	Wen wollen wir einladen? (↘)
Wer schmückt den Weihnachtsbaum? ( )	Wer schmückt den Weihnachtsbaum? ( )
Was essen wir? ( )	Was essen wir? ( )
Was trinken wir? ( )	Was trinken wir? ( )
Wer will einkaufen? ( )	Wer will einkaufen? ( )
Wer kocht das Essen? ( )	Wer kocht das Essen? ( )
Welche Lieder singen wir? ( )	Welche Lieder singen wir? ( )

Emotionales Sprechen

A 15 (2.72)
a) Hören Sie.
b) Sprechen Sie.

1

- ● Petra und Rolf wollen heiraten? ↗ Wirklich? ↗ Das kann ich nicht glauben. ↘
- ○ Ich find's toll, → dass sie heiraten. ↘
- ● Lieben sie sich denn? ↗
- ○ Aber ja. ↘ Weißt du das denn nicht? ↗ Petra wünscht sich doch so sehr ein Kind. ↘
- ● Sie ja, → aber er? ↗
- ○ Aber klar. ↘

2

- ○ Für die Hochzeit möchte ich gerne ein neues Kleid kaufen. ↘
- ● Du hast doch das schöne Blaue. ↘
- ○ Das ist doch blöd. Ich will ein Gelbes. ↘
- ● Das wird aber ganz schön teuer. ↘
- ○ Du musst es ja nicht bezahlen. ↘
- ● Hast du überhaupt Zeit zum Einkaufen? ↗
- ○ Das ist doch nicht dein Problem! ↘ Ich kaufe es mit Petra. ↘

Emotionales Sprechen: Die Akzentsilbe spricht man höher, stärker und länger.

Schwierige Wörter aussprechen

A 16 (2.74)
Sprechen Sie.

Weihnachtsgebäck	viel Weihnachtsgebäck	Wir essen viel Weihnachtsgebäck. ↘
Frühlingsfest	ein Frühlingsfest	Ostern ist ein altes Frühlingsfest . ↘
Feuerwerk	ein Feuerwerk	Silvester gibt es ein Feuerwerk. ↘

Vorschläge machen, Bitten und Wünsche äußern: Konjunktiv II

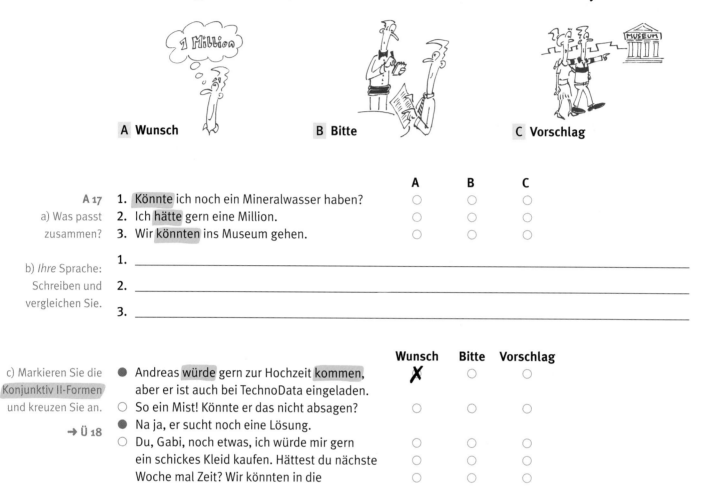

A Wunsch

B Bitte

C Vorschlag

A 17
a) Was passt zusammen?

		A	B	C
1.	Könnte ich noch ein Mineralwasser haben?	○	○	○
2.	Ich hätte gern eine Million.	○	○	○
3.	Wir könnten ins Museum gehen.	○	○	○

b) *Ihre* Sprache: Schreiben und vergleichen Sie.

1. ______________________________
2. ______________________________
3. ______________________________

c) Markieren Sie die Konjunktiv II-Formen und kreuzen Sie an.

→ Ü 18

		Wunsch	Bitte	Vorschlag
●	Andreas würde gern zur Hochzeit kommen, aber er ist auch bei TechnoData eingeladen.	✗	○	○
○	So ein Mist! Könnte er das nicht absagen?	○	○	○
●	Na ja, er sucht noch eine Lösung.			
○	Du, Gabi, noch etwas, ich würde mir gern ein schickes Kleid kaufen. Hättest du nächste Woche mal Zeit? Wir könnten in die Hussenpassage gehen.	○ ○ ○	○ ○ ○	○ ○ ○

A 18
a) Vergleichen Sie die Endungen im Präteritum und im Konjunktiv II. Schreiben Sie.

Präteritum

	haben	können
ich	hatte	konnte
du	hattest	konntest
Sie	hatten	konnten
er/es/sie	hatte	konnte
wir	hatten	konnten
ihr	hattet	konntet
Sie	hatten	konnten
sie	hatten	konnten

Konjunktiv II

haben	können	
hätte	könnte	würde
hätt**est**	______	______
hätt**en**	______	______
hätte	______	______
______	______	______
______	______	______
______	______	______
______	______	______

Viele Verben sind im Präteritum und im Konjunktiv II identisch.

Beispiel:	**Infinitiv**	**Konjunktiv II = Präteritum**
	kaufen	ich kaufte, du kauftest

→ Oft bildet man den Konjunktiv II mit „würde" + Infinitiv:

- ● Ich würde gern ins Kino gehen. Peter würde auch gern mitgehen. Würdest du mitkommen?
- ○ Sabine und ich würden heute lieber ins Theater gehen.
- ● Auch schön, würdet ihr Peter und mich mitnehmen?
- ○ Ja, gern. ...
- ● Hallo, Peter. Sabine und Thomas gehen heute ins Theater, sie würden uns mitnehmen. Hast du Lust?

b) Markieren Sie die Formen von „würde" und die Infinitive.

→ Ü 19 – 23

Passiv verstehen

Passiv-Formen: Hilfsverb „werden" + Partizip II

Das Passiv **wird** mit dem Hilfsverb „werden" und dem Partizip II **gebildet**.

Aktiv

Passiv

1. Die Frau schmückt den Weihnachtsbaum.
2. Der Weihnachtsbaum wird geschmückt.

1.

2.

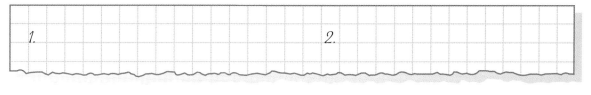

A 19
Ihre Sprache? Vergleichen Sie.

→ Ü 24

Gebrauch von Aktiv und Passiv

Aktiv

Wer/Was → Die Frau

tut etwas? → schmückt den Baum.

Passiv

Was wird getan? / Was passiert?
(nicht wichtig: wer etwas tut)
↓
Der Baum wird geschmückt.

Ausklang: Andrea und Milan

Ein Besuch

2.75

A 1
Personen beschreiben
Machen Sie Steckbriefe.

Andrea/Milan

→ Ü 1

22 Jahre
aus der Schweiz
Wohnort Bern
ledig
Laborantin bei Novartis

Andrea Studer

28 Jahre
aus Tschechien
Wohnort Hamburg
geschieden, 1 Kind (Sara)
Techniker bei Siemens

Milan Čapek

A 2
a) Sammeln Sie Fragen und machen Sie Interviews.
b) Erzählen Sie.

A 3
Eine Anfrage beantworten
Lesen Sie und schreiben Sie Milan eine E-Mail.

→ Ü 2–3

ich komme!

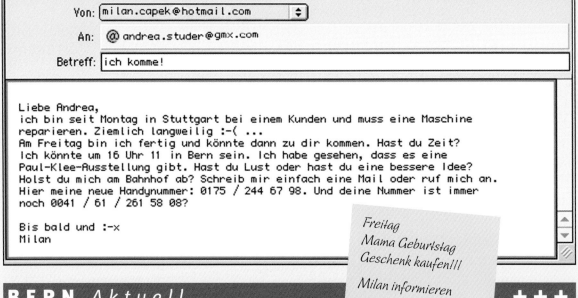

Von: milan.capek@hotmail.com
An: andrea.studer@gmx.com
Betreff: ich komme!

Liebe Andrea,
ich bin seit Montag in Stuttgart bei einem Kunden und muss eine Maschine reparieren. Ziemlich langweilig :-(...
Am Freitag bin ich fertig und könnte dann zu dir kommen. Hast du Zeit?
Ich könnte um 16 Uhr 11 in Bern sein. Ich habe gesehen, dass es eine Paul-Klee-Ausstellung gibt. Hast du Lust oder hast du eine bessere Idee?
Holst du mich am Bahnhof ab? Schreib mir einfach eine Mail oder ruf mich an.
Hier meine neue Handynummer: 0175 / 244 67 98. Und deine Nummer ist immer noch 0041 / 61 / 261 58 08?

Bis bald und :-x
Milan

Freitag
Mama Geburtstag
Geschenk kaufen!!!

Milan informieren

BERN *Aktuell* **+++**

+ Der Maler und Musiker Paul Klee
Erstmals kommt diese Sammlung von Paul Klees bildnerischen und musikalischen Werken an die Öffentlichkeit. Das neue Zentrum Paul Klee mit dem Kindermuseum und dem Musiksaal ist der ideale Ort für diese überraschende Ausstellung.
7. April bis 3. Oktober

+ Internationale Tourismus-Messe
22. bis 29. April, Bea-Messe Bern
Vom 22. bis 29. April findet in der Bea-Messe Bern die Tourismus-Messe statt. In diesem Jahr präsentieren über 300 Reiseveranstalter aus Europa, Amerika, Asien und Australien ihre Ferienziele. Spezialgast ist Indien.

+ Fußball: Schweiz – Deutschland
20. April
Am Mittwoch, 20. April, findet im Stade de Suisse, dem größten Sonnenkraftwerk in der Schweiz, ein Testspiel für die Fußballweltmeisterschaft statt. Gegner für die Schweizer Nationalmannschaft ist die Bundesrepublik Deutschland.

+ Herbert Grönemeyer
24. April, Bern Arena
Herbert Grönemeyer ist Phänomen und Publikumsmagnet zugleich. Sein letztes Konzert vor einer längeren Pause gibt er in Bern:
Beim Stimmen-Festival singt Herbert Grönemeyer am 24. April um 20 Uhr in der Bern Arena.

Im Zug

Bahnhof	Zeit	Zug	Bemerkungen
Stuttgart Hbf	ab 12:01	IC 2160	InterCity
Karlsruhe Hbf	an 12:52		
Karlsruhe Hbf	ab 13:08	ICE 73	InterCityExpress
Bern	an 16:11		

Bahnhof	Zeit	Zug	Bemerkungen
Stuttgart Hbf	ab 12:04	ICE 183	InterCityExpress
Zürich HB	an 14:50		
Zürich HB	ab 15:04	IC 828	InterCity
Bern	an 16:13		

A 4 2.77

Eine Durchsage verstehen

a) Hören Sie und vergleichen Sie mit dem Fahrplan. Was ist das Problem?

b) Sprechen Sie auf Andreas Anrufbeantworter.

c) Was machen Sie in so einer Situation?

→ Ü 4–5

Heiße Getränke

Alkoholfreie Getränke

JACOBS Filterkaffee
Pott — 2,60 EUR / 4,30 CHF

Kaffee HAG
löslich, entcoffeiniert
Pott — 2,60 EUR / 4,30 CHF

Ronnefeldt Tee
Schwarzer Tee, Pott
Grüner Tee, Pott
Pfefferminztee, Pott — 2,60 EUR / 4,30 CHF

Suchard Trinkschokolade
Pott — 2,60 EUR / 4,30 CHF

Wir empfehlen Ihnen auch unsere Kaffeespezialitäten. Bitte fragen Sie uns.

BONAQA – Tafelwasser
0,3 l Glas — 2,00 EUR / 3,30 CHF

Adelholzener Classic
Natürliches Mineralwasser mit Kohlensäure,
0,5 l Flasche — 2,70 EUR / 4,40 CHF

Vittel
Natürliches Mineralwasser ohne Kohlensäure,
0,5 l Flasche — 2,70 EUR / 4,40 CHF

Coca-Cola [1,2]
0,3 l Glas — 2,40 EUR / 3,90 CHF
0,5 l Becher
0,5 l Flasche — 2,70 EUR / 4,40 CHF

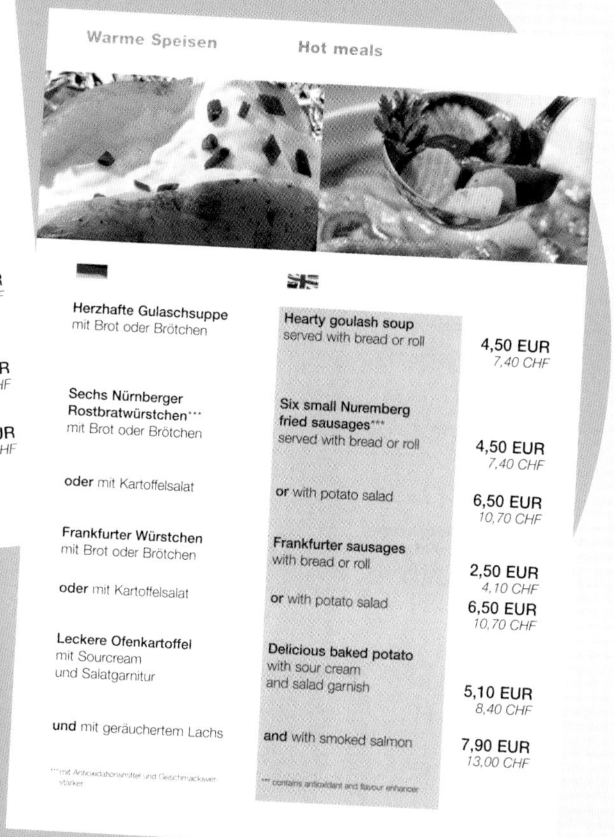

Warme Speisen	Hot meals	
Herzhafte Gulaschsuppe mit Brot oder Brötchen	Hearty goulash soup served with bread or roll	4,50 EUR / 7,40 CHF
Sechs Nürnberger Rostbratwürstchen*** mit Brot oder Brötchen	Six small Nuremberg fried sausages*** served with bread or roll	4,50 EUR / 7,40 CHF
oder mit Kartoffelsalat	or with potato salad	6,50 EUR / 10,70 CHF
Frankfurter Würstchen mit Brot oder Brötchen	Frankfurter sausages with bread or roll	2,50 EUR / 4,10 CHF
oder mit Kartoffelsalat	or with potato salad	6,50 EUR / 10,70 CHF
Leckere Ofenkartoffel mit Sourcream und Salatgarnitur	Delicious baked potato with sour cream and salad garnish	5,10 EUR / 8,40 CHF
und mit geräuchertem Lachs	and with smoked salmon	7,90 EUR / 13,00 CHF

*** mit Antioxidationsmittel und Geschmacksverstärker

*** contains antioxidant and flavour enhancer

A 5

Auswählen und bestellen

a) Milan hat Hunger und Durst, aber nur 12 €. Was kann er bestellen?

b) Sie sitzen zu zweit im Speisewagen und haben zusammen 20 €. Was wählen Sie?

→ Ü 6

Am Ziel

A 6
Eine Geschichte erzählen

a) Sehen Sie die Fotos an. Erzählen Sie eine Geschichte dazu.

2.78 b) Hören Sie zwei Geschichten. Welche Fotos passen zu welcher Geschichte?

→ Ü 7–8

A 7
Ihr Erlebnis: wahr oder nicht wahr? Erzählen Sie. Die anderen raten.

Spiel: Was Sie schon immer wissen wollten ...

START A2 ▶ ZIEL B1

Würfeln Sie noch einmal.

SPRACHEN

Welche Sprachen möchten Sie können? Warum?

OHNE WORTE

Machen Sie eine Geste. Die anderen raten.

KLEIDER

Sie sind zu einem Geburtstagsfest bei Ihrem Chef / Ihrer Chefin eingeladen. Was ziehen Sie an?

SCHULE

Was haben Sie in der Schule nie gern gemacht?

HEIMAT

Sie fahren für ein Jahr auf eine einsame Insel. Welche drei Dinge aus Ihrer Heimat nehmen Sie mit?

JOKER: 5 PUNKTE!!!

Wie funktioniert das? Erklären Sie.

REISEN UND URLAUB

Wie reist man bei Ihnen am besten? Was ist bequem? Was ist billig?

ARBEIT

Heimatmuseum sucht Aushilfe an der Kasse.
Nur Samstag/Sonntag!
Erfahrung erwünscht!
Heimatmuseum Massing,
08544-88 89 99

Rufen Sie an und stellen Sie zwei Fragen.

ERZÄHL MIR ETWAS ÜBER ...

Regeln

Alle beginnen im Feld START.
Würfeln Sie und beantworten Sie die Frage auf dem Feld. Die anderen stellen dann je eine zusätzliche Frage zu der Antwort.

Antworten

2 Punkte für eine ganz korrekte Antwort.
1 Punkt für eine nicht ganz korrekte Antwort.
0 Punkte für keine oder eine ganz falsche Antwort.

1 Extra-Punkt gibt es für besonders originelle Antworten.

Fragen der Mitspieler/innen

Für jede korrekte Frage gibt es 2 Punkte.

Das Spiel ist zu Ende,

wenn der erste Spieler oder die erste Spielerin **20 Punkte** hat

oder

wenn der erste Spieler oder die erste Spielerin **4-mal über das Feld** START/ZIEL gekommen ist. Wer dann die meisten Punkte hat, ist Sieger oder Siegerin.

Gratulation!

ICH UND MEINE FREUNDE

Was machen Sie gern mit guten Freunden?

EIN TRAUM

Was machen Sie, wenn Sie 64 sind? Was glauben Sie?

ARBEIT

Wie sieht für Sie der ideale Arbeitstag aus?

FUNKTIONEN

Erklären Sie.

FESTE

Beschreiben Sie ein wichtiges Fest bei Ihnen zu Hause. Was feiert man? Wer kommt? Was isst man?

STÄDTE

Nennen Sie drei Sehenswürdigkeiten in Berlin oder in Ihrer Stadt.

TAGESABLAUF

Welche Medien haben Sie heute schon benutzt?

EIN TRAUM

Was möchten Sie gern einmal machen?

LERNEN

Was hat Ihnen am Sprachkurs gefallen? Was haben Sie gern gemacht?

A 8

a) Würfeln und antworten Sie.
b) Stellen Sie als Zuhörer/in dem Partner / der Partnerin eine Frage zum Thema.
c) Bewerten Sie in der Gruppe und notieren Sie die Punktzahl.

➜ **Schlusstest**

Alphabetisches Wörterverzeichnis

Informationen zur Benutzung

Das Verzeichnis enthält alle Wörter aus den Kapiteln im Lehrbuch *Optimal*A1 und *Optimal*A2. Namen von Personen, geografische Namen und Sprachenbezeichnungen, Zahlwörter sowie grammatische Begriffe sind nicht enthalten. Aus authentischen Texten, v.a. auf der Seite „Training“, sind nur die Wörter enthalten, die zur Lösung der Aufgaben notwendig sind. Die Wörter und Seitenangaben aus *Optimal*A1 sind schwarz, die neuen Wörter und Seitenangaben aus *Optimal*A2 sind blau.

Das Wörterverzeichnis bietet Ihnen folgende Informationen:

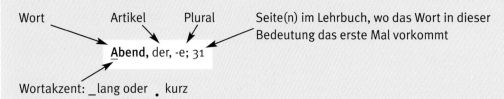

Wort — Artikel — Plural — Seite(n) im Lehrbuch, wo das Wort in dieser Bedeutung das erste Mal vorkommt

Abend, der, -e; 31

Wortakzent: _ lang oder . kurz

Verben mit * sind unregelmäßig. Eine alphabetische Liste der unregelmäßigen Verben finden Sie auf S. 111.

Fett gedruckte Wörter gehören zur Wortliste des Tests „Start Deutsch 1“ bzw. „Start Deutsch 2“, die zu den Niveaustufen A1 bzw. A2 gehören.

A

ab; 40
abbiegen*; 26
Abendessen, das, -; 42
abends; 16
aber; 6
abfahren*; 30
Abfahrt, die; 56
abfliegen*; 26
Abflug, der, "-e; 26
abgeben*; 56
Abgeordnete, der/die, -n; 41
abholen; 58
Abholzeitraum, der; 55
abhören; 70
Abitur, das; 17
ablegen; 70
abnehmen*; 46
abräumen; 74
abrufbar; 81
Absage, die, -n; 73
absagen; 92
abschließen*; 17
Abschluss, der, "-e; 30
abschreiben*; 10
Absender, der, -; 55

Abteil, das, -e; 27
abwaschen*; 74
ach!; 15
Achtung!; 65
Adresse, die, -n; 8
Adressliste, die, -n; 49
Agentur, die, -en; 62
Ah!; 56
Aha!; 8
Aktenschrank, der, "-e; 81
aktiv; 46
aktuell; 94
Album, das, Alben; 17
alle; 6
Allee, die, Alleen; 15
allein; 16
Alles Gute!; 72
alles; 31
Allgemeinzustand, der; 80
Alltag, der; 33
Alltagssprache, die; 59
Alpen (Pl); 62
als; 25, 73
also; 38
alt; 16, 22
Alter, das; 22
Altstadt, die, "-e; 16
Ampel, die, -n; 58

Amt, das, "-er; 66
an; 54
anbieten*; 40
anbrennen*; 71
ander-; 48
andere; 33, 48
ändern (sich); 88
anders; 23
Anfang, der, "-e; 15
anfangen*; 17
anfangs; 31
anfassen; 82
Anfrage, die, -n; 94
angehen*; 22
angenehm; 8
Angestellte, der/die, -n; 54
Angst, die, "-e; 80
ängstlich; 66
anklicken; 50
ankommen*; 30
ankreuzen; 33
Ankunft, die; 14
Anlass, der, "-e; 88
Anleitung, die, -en; 79
anmachen; 58
anmelden; 15
Anmeldung, die, -en; 78
anprobieren; 87

Anrede, die, -n; 89
Anruf, der, -e; 70
Anrufbeantworter, der, -; 57
anrufen*; 78
anschließen*; 78
anschließend; 86
Anschluss, der, "-e; 26
ansehen*; 10
ansprechen*; 33
anstoßen*; 88
Antrag, der, "-e; 66
Antwort, die, -en; 20
antworten; 7
Anwalt, der, "-e; 58
Anzeige, die, -n; 9
anziehen (sich)*; 86
Anzug, der, "-e; 86
Aperitif, der, -s; 70
Apfel, der, "-; 42
Apfelsaft, der; 38
Apfelsine, die, -n
 (= Orange); 96
Apotheke, die, -n; 79
Apothekerin, die, -nen; 46
Appetit, der; 72
April, der; 23
arabisch; 31
Arbeit, die, -en; 30

arbeiten; 30
Arbeiter, der, -; 62
Arbeitgeber, der, -; 80
Arbeitserlaubnis, die, -se; 62
Arbeitsgenehmigung, die, -en; 66
Arbeitsklima, das; 55
Arbeitskollege, der, -n; 70
Arbeitskollegin, die, -nen; 57
arbeitslos; 32
Arbeitsplatz, der, "-e; 97
Arbeitstag, der, -e; 62
Arbeitszeit, die, -en; 55
Architektur, die, -en; 38
Ärger, der; 66
ärgern (sich); 66
Arm, der, -e; 78
arm; 16
Armee, die, Armeen; 42
Art, die, -en; 78
Artikel, der, -; 31
Arzt, der, "-e; 78
Arztbesuch, der, -e; 79
Ärztin, die, -nen; 86
Asthma, das; 80
Asyl, das; 66
Atemwege (Pl); 80
atmen; 81
Atmung, die; 80
auch; 14
Auf dich!; 72
Auf Wiederhören!; 57
Auf Wiedersehen!; 31
auf; 15, 62
aufbauen; 41
Aufenthalt, der, -e; 66
Aufenthaltsgenehmigung, die, -en; 66
Auferstehung, die; 88
Aufforderung, die, -en; 77
Aufgabe, die, -n; 81
aufgehen*; 7
aufhören; 15
auflösen; 79
aufmachen; 82
aufnehmen*; 47
aufpassen; 48
aufräumen; 58
aufschreiben*; 10
aufstehen*; 30, 81
Auftrag, der, "-e; 54
Auftragsnummer, die, -n; 55
auftreten*; 24
aufwachen; 80
aufwachsen*; 63
Aufzählung, die, -en; 12
Auge, das, -n; 80
Augenblick, der, -e; 28
August, der; 23
Au-pair, das; 68
Au-pair-Stelle, die, -n; 62
aus; 6, 64
ausatmen; 78
Ausbau, der; 41
ausbilden; 67
Ausbildung, die, -en; 9
Ausdruck, der, "-e; 85
ausdrücken; 66
ausdrucken; 70
Ausfahrer, der, -; 81
ausflippen; 88
Ausflug, der, "-e; 55
ausfüllen; 18
Ausgang, der, "-e; 14
ausgeben*; 86
ausgehen*; 63
Aushilfe, die, -n; 97
Ausklang, der; 94
Auskunft, die, "-e; 79
Ausland, das; 24
Ausländer, der, -; 66
Ausländerbehörde, die, -n; 66
Ausländerin, die, -nen; 66
ausländisch; 63
Auslieferung, die, -en; 81
ausmachen; 31
Aussage, die, -n; 21
ausschalten; 74
ausschneiden*; 47
aussehen*; 78
außer; 47
äußern (sich); 14
Aussicht, die, -en; 54
Aussichtspunkt, der, -e; 62
Aussprache, die; 11
aussprechen*; 10
aussteigen*; 30
Ausstellung, die, -en; 16
aussuchen; 88
austauschen; 16
auswählen; 50
Ausweis, der, -e; 26
ausziehen (sich)*; 88
Auto, das, -s; 55
Autobahn, die, -en; 58
Autobahnraststätte, die, -n; 24
Autofabrik, die, -en; 67
Autofan, der, -s; 25
Automat, der, -en; 26
Automatisierung, die, -en; 62

B

Baby, das, -s; 46
Bäckerei, die, -en; 39
Bad, das, "-er; 18
Badehose, die, -n; 90
baden; 58
Bahn, die; 89
Bahncard, die, -s; 56
Bahnhof, der, "-e; 14
Bahnhofshalle, die, -n; 23
Bahnsteig, der, -e; 58
bald; 31
Balkon, der, -e; 57
Ballett, das; 16
Ballettmusik, die; 22
Banane, die, -n; 42
Band, die, -s; 22
Bank, die, "-e; 7
Bart, der, "-e; 90
Basilikum, das; 79
Bauarbeit, die, -en; 40
Bauarbeiter, der, -; 58
Bauch, der, "-e; 82
bauen; 40
Bauer, der, -n; 32
Bauernhaus, das, "-er; 63
Baum, der, "-e; 65
beachten; 79
Beach-Volleyball; 17
beantworten; 80
Becher, der, -; 42
bedanken (sich); 33
Bedarf, der; 79
bedeuten; 41
Bedeutung, die, -en; 12
Bedienung, die, -en; 63
beeilen (sich); 27
beenden; 50
Befehl, der, -e; 49
Befinden, das; 33
befristen; 66
Begegnung, die, -en; 23
Beginn, der; 79
beginnen*; 15
Begriff, der, -e; 78
begründen; 29
begrüßen; 8
Behörde, die, -n; 54
bei; 24
beide; 39
Bein, das, -e; 78
Beispiel, das, -e; 48
Beispielsatz, der, "-e; 81
bekannt; 16
Bekannte, der/die, -n; 64
bekommen*; 39
Beleidigung, die, -en; 65
beliebt; 41
Benimm-Regel, die, -n; 72
benutzen; 57
Benzin, das; 26
beobachten; 64
bequem; 86
Beraterin, die, -nen; 63
Berg, der, -e; 94
Bericht, der, -e; 31
berichten; 54
Berliner Mauer, die; 39
Beruf, der, -e; 34
beruflich; 32
Berufskleidung, die; 86
berufstätig; 46
berühmt; 54
beschreiben*; 15
Beschreibung, die, -en; 40
besetzt; 26
besonders; 62
Besprechung, die, -en; 70
besser; 72
Besserung, die; 79
Bestätigung, die, -en; 66
bestehen*; 46
bestellen; 38
Bestellung, die, -en; 34
bestimmt; 71
Besuch, der, -e; 49
besuchen; 16, 46
Besucher, der, -; 64
betonen; 19
Betrieb, der, -e; 54
Bett, das, -en; 79
Bevölkerung, die; 42
Bewegung, die, -en; 80
bewerten; 97
bewölkt; 95
Bewölkung, die; 73

folgend; 46
formell; 87
Formular, das, -e; 18
formulieren; 15
Fortbildung, die, -en; 62
Fortschritt, der, -e; 35
Foto, das, -s; 17
Fotoausstellung, die, -en; 16
Fotografie, die, -grafien; 16
fotografieren; 54
Fotografin, die, -nen; 30
Fotokopierer, der, -; 74
Fotopapier, das; 71
Frage, die, -n; 22
fragen; 7
Frau, die, -en; 14, 62
frei; 23
Freitag, der (= Fr), -e; 23
Freizeit, die; 30
Freizeitkleidung, die; 86
fremd; 14
Fremde, die; 62
Fremdenpolizei, die; 66
Fremdsprache, die, -n; 97
fressen*; 50
Freude, die, -n; 30
freuen (sich); 70
Freund, der, -e; 31, 70
Freundin, die, -nen; 16, 63
freundlich; 56
Freut mich!; 70
Friede, der; 42
Friedensvertrag, der, "-e ; 42
frisch; 39
Friseur, der, -e; 58
Frist, die, -en; 66
froh; 66
Frohe Ostern!; 88
Frohe Weihnachten!; 88
fröhlich; 66
Frucht, die, "-e; 7
früh; 30
früher; 55
Frühling, der; 94
Frühlingsanfang, der; 88
Frühlingsfest, das, -e; 91
Frühstück, das; 15
frühstücken; 30
fühlen (sich); 78, 82
führen; 9
Führerschein, der, -e; 25
Funktion, die, -en; 71
funktionieren; 80
für; 17, 23
Fuß, der, "-e; 30, 80
Fußball, der, "-e; 32
Fußballspieler, der, -; 58
Fußballweltmeisterschaft, die, -en; 94
Fußgänger, der, -; 26
Fußgängerin, die, -nen; 26

G

Gabel, die, -n; 74
ganz; 15
gar; 30
Garten, der, "-; 55
Gärtner, der, -; 32
Gärtnerei, die, -n; 32
Gärtnerin, die, -nen; 58
Gärtnerlehre, die, -n; 32
Gas, das, -e; 64
Gasse, die, -n; 18
Gast, der, "-e; 15
Gastarbeiter, der, -; 79
Gebäude, das, -; 41
geben*; 14, 79, 88
geboren sein; 63
Gebrauch, der; 93
Geburt, die, -en; 88
Geburtsdatum, das, -daten; 32
Geburtsort, der, -e; 32
Geburtstag, der, -e; 26
Geburtstagsfest, das, -e; 90
Gedicht, das, -e; 27
geehrt-; 87
gefährlich; 24
gefallen*; 31
Gefallen, das; 24
Gefühl, das, -e; 7
gegen; 81
Gegend, die, -en; 8
Gegensatz, der, "-e; 12
gegenseitig; 42
Gegenvorschlag, der, "-e; 73
Gegner, der, -; 94
gehen*; 14, 31, 50, 65, 81
gehören; 47
Gehweg, der, -e; 56
gelb; 64
Geld, das, -er; 31
Gemeinde, die, -n; 88
gemeinsam; 32
Gemüse, das; 39
gemütlich; 54
genau; 30, 78
genauso; 24
Genehmigung, die, -en; 66
Generation, die, -en; 47
genießen*; 73
genug; 80
Geografie, die; 34
Gepäck, das;26
gerade; 56, 81
geradeaus; 14
Gericht, das, -e; 40
Germanistik, die; 54
gern(e); 15
gern haben (sich)*; 50
Geruch, der, "-e; 78
Geschafft!; 56
Geschäft, das, -e; 34, 39
Geschäftsfrau, die, -en; 86
Geschäftsleute (Pl); 23
geschehen*; 71
Geschenk, das, -e; 55
Geschichte, die, -n; 7
geschieden sein; 63
Geschirr, das; 74
geschlossen sein; 89
Geschwister (Pl); 47
Gesellenprüfung, die, -en; 32
Gesetz, das, -e; 42
Gesicht, das, -er; 82
gespannt sein; 63
Gespräch, das, -e; 31
gestalten; 40
Geste, die, -n; 65
gestern; 78
gestreift; 89
gesund; 73
Gesundheit, die; 78
Getränk, das, -e; 38
getrennt leben; 50
Gewerkschaft, die, -en; 73
Gewicht, das, -e; 41
gewinnen*; 49
Gewitter, das, -; 95
gewohnt sein; 64
Gewürz, das, -e; 7
gießen*; 73
Gitarre, die; -n; 22
Glas, das, "-er; 42, 70
Glaskuppel, die, -n; 41
glauben; 46
gleich; 64
gleich-; 70
Gleis, das, -e; 56
Gletscherwelt, die, -en; 94
Gliederschmerz, der, -en; 79
Glück, das; 31
glücklich; 14
Glückwunsch, der, "-e; 86
Gold, das; 33
Goldmedaille, die, -n; 73
Grad, das; 73
Grafik, die, -en; 16
Gramm, das, - (= g); 39
Grammatik, die, -en; 12
Gratulation, die, -en; 97
gratulieren; 64
grau; 64
Grenze, die, -n; 55
Grippe, die; 79
groß; 16, 62
Größe, die, -n; 87
Großeltern (Pl); 47
Großfamilie, die, -n; 46
Großmutter, die, "-er; 8
Großstadt, die, "-e; 23
Großvater, der, "-er; 47
Grüezi! (*schweizerisch*); 6
grün; 64
Grund, der, "-e; 46
gründen; 54
Grundschule, die, -n; 31
Gründung, die, -en; 40
Gruppe, die, -n; 32
Gruß, der, "-e; 35
gültig; 26
günstig; 94
gut; 6, 24
Gute Idee!; 39
Gute Reise!; 26
Guten Appetit!; 72
Guten Morgen!; 30
Guten Tag!; 6
Guter Vorschlag!; 72
Gymnasium, das, Gymnasien; 32

H

Haar, das, -e; 82
haben*; 14, 54
Hafen, der, "-; 58
Hähnchen, das, -; 23
halb; 34
Halle, die, -n; 16
Hallo!; 7
Hals, der, "-e; 78
Halskette, die, -n; 90

Alphabetisches Wörterverzeichnis

Kilogramm, das, - (= kg); 39
Kilometer, der, - (= km); 55
Kind, das, -er; 63
Kindergarten, der, -"; 34
Kindermuseum, das, -museen; 94
Kinderzimmer, das, -; 64
Kindheit, die; 78
Kino, das, -s; 18
Kiosk, der, -e; 23
Kirche, die, -n; 18
Kissen, das, -; 66
Klang, der, "-e; 78
klar; 14
Klasse, die, -n; 46
Klassik, die; 24
Klavier, das, -e; 50
kleben; 47
Kleid, das, -er; 86
kleiden (sich); 64
Kleider (Pl); 86
Kleidung, die; 86
Kleidungsstück, das, -e; 86
klein; 38, 80
Kleinfamilie, die, -n; 46
klingeln; 30
Klingelton, der, "-e; 72
klingen*; 71
knapp; 73
Kneipe, die, -n; 72
Knie, das, -; 81
Knoblauchzehe, die, -n; 79
Knopf, der, "-e, 64
Koch, der, "-e; 58
kochen; 30
Koffer, der, -; 90
Kohleindustrie, die; 16
Kollege, der, -n; 46
Kollegin, die, -nen; 8
kombinieren; 9
komfortabel; 63
komisch; 64
kommen*; 6
Kompliment, das, -e; 65
kompliziert; 50
komponieren; 22
Konferenzzimmer, das, -; 70
König, der, -e; 31
Königin, die, -nen; 42
Königspaar, das, -e; 42
können; 38
Konsulat, das, -e; 66
Konsum, der; 23
Kontakt, der, -e; 54
Kontinent, der, -e; 10
kontra; 25
kontrollieren; 48
konzentrieren (sich); 78
Konzert, das, -e; 16
Kopf, der, "-e; 82
Kopfschmerzen (Pl); 78
Kopfweh, das; 79
Kopie, die, -n; 10
kopieren; 58
Körper, der, -; 78
Körpersprache, die; 65
korrekt; 47
Korrekturprogramm, das, -e; 74
korrigieren; 34
kosten; 39
krank; 78
Krankenhaus, das, "-er; 80
Krankenpfleger, der, -; 55
Krankenpflegerin, die, -nen; 55
Krankenversicherung, die, -en; 62
Krankheit, die, -en; 78
Krawatte, die, -n; 89
Kreditkarte, die, -n; 26
Kreis, der, -e; 65
Kreuzung, die, -en; 55
Krieg, der, -e; 15
Kriegspolitik, die; 17
Krimi, der, -s; 31
Krise, die, -n; 42
kritisieren; 17
Küche, die, -n; 62
Kuchen, der, -; 39
Küchenhilfe, die, -n; 81
Kugel, die, -n; 88
Kugelschreiber, der, -; 50
kühl; 94
Kultur, die, -en; 17
Kulturerbe, das; 16
Kulturfest, das, -e; 17
Kulturprogramm, das, -e; 14
Kulturzentrum, das; 16
Kumys, der; 64
Kunde, der, -n; 54
Kundennummer, die, -n; 55
kündigen; 82
Kunst, die, "-e; 34
Künstler, der, -; 41
Kunstwerk, das, -e; 41
Kurier, der, -e; 59
Kurierdienst, der, -e; 54
Kuriertasche, die, -n; 56
Kurs, der, -e; 7
Kursfest, das, -e; 38
Kursraum, der, "-e; 50
kurz; 30, 55
kürzen; 73
küssen; 82

L

Laborantin, die, -nen; 94
Lachen, das; 7
lachen; 32
Laden, der, "-; 39
Lage, die; 57
Lamm, das, "-er; 88
Lampe, die, -n; 64
Land, das, "-er; 6, 63
landen; 58
Landeskunde, die; 80
Landkarte, die, -n; 50
Landschaft, die, -en; 94
lang; 63
lange; 15
langsam; 17
langweilen (sich); 30
langweilig; 24
Laptop, der, -s; 78
Lärm, der; 82
lassen*; 56
lässig; 86
Lastwagen, der, -; 81
Lateinamerika; 14
Lattenzaun, der, "-e; 67
Latzhose, die, -n; 88
laufen*; 46, 54
laut; 64
Leben, das, -; 30
leben; 9
Lebensmittel, das, -; 39
Lebensqualität, die, -en; 24
lecker; 54
Lederjacke, die, -n; 90
ledig; 32
leer; 65
legen (sich); 79, 81
Lehrbuch, das, "-er; 46
Lehre, die, -n; 14
Lehrer, der, -; 47
Lehrerin, die, -nen; 47
leicht; 46, 86
leidtun*; 31
leider; 14
leise; 17
Lernen, das; 9
lernen; 9
Lernkärtchen, das, -; 81
Lernpartnerin, die, -nen; 49
Lernprogramm, das, -e; 50
Lerntipp, der, -s; 48
Lernziel, das, -e; 47
lesen*; 6
letzt-; 57
Leuchtturm, der, "-e; 54
Leute (Pl); 22
Licht, das, -er; 22
lieb-; 71
Liebe, die; 66
lieben (sich); 50
lieber; 24
Liebesbrief, der, -e; 56
Lieblingsbuch, das, "-er; 30
Lieblingsessen, das, -; 79
Lieblingsfach, das, "-er; 30
Lieblingsmusik, die; 97
Lieblingssender, der, -; 75
Lied, das, -er; 17
liegen bleiben*; 30
liegen*; 8, 79, 81
Limonade, die, -n; 38
Linie, die, -n; 65
links; 15
Lippe, die, -n; 82
LKW, der, -s; 58
LKW-Fahrer, der, -; 58
LKW-Führerschein, der, -e; 81
Lob, das; 65
locker; 86
Löffel, der, -; 74
Lohn, der, "-e; 31
los sein*; 78
löschen; 49
losfahren*; 56
losgehen*; 30
Lösung, die, -en; 50
Luft, die; 80
Luftpumpe, die, -n; 58
Luftverschmutzung, die; 42
Lust, die, "-e; 32
lustig; 48

M

machen; 7, 39, 86
Mach's gut!; 23
Mädchen, das, -; 50

Mahlzeit!; 34
Mai, der; 23
Mail, die/das, -s; 70
Mailbox, die, -en; 70
mailen; 48
-mal (viermal); 46
Mal, das, -e; 97
mal; 14
malen; 82
Maler, der, -; 55
Malerin, die, -nen; 63
Mama, die, -s; 47
man; 15
Manager, der, -; 46
Managerin, die, -nen; 34
manch-; 70
manchmal; 46
Mann, der, "-er; 17, 46
Männerstaffel, die, -n; 73
Mantel, der, "-; 86
Märchen, das, -; 62
Marketingabteilung, die, -en; 14
markieren; 10
Markt, der, "-e; 39
Marmelade, die; -n; 38
März, der; 23
Maschine, die, -n; 62
Mathematik, die; 30
Matura, die; 30
Mauer, die, -n; 39
Mauerbau, der; 40
Maueröffnung, die; 39
Mauerrest, der, -e; 39
Maus, die, "-e; 74
maximal; 18
Mechaniker, der, -; 55
Medaille, die, -n; 33
Medien, die (Pl); 70
Medikament, das, -e; 79
Mediothek, die, -en; 48
Medizin, die; 20
Meer, das, -e; 54
Mehl, das; 41
mehr; 47, 57
mehrere; 23
Mehrheit, die, -en; 8
mehrsprachig; 8
mein-; 9
meinen; 55
Meinung, die, -en; 16
meist; 46
meist-; 97
meistens; 46
Meisterfotograf, der, -en; 17
Meisterschaft, die, -en; 11
Meldeformular, das, -e; 15
melden; 66
Mensch, der, -en; 6
Menü, das, -s; 71
Menüplan, der, "-e; 89
messen*; 78
Messer, das, -; 74
Meter, der, -; 14
Metzgerei, die, -en; 39
Miete, die, -n; 63
mieten; 55
Mikrofon, das, -e; 22
Milch, die; 38
Milchprodukt, das, -e; 39
Million, die, -en; 42
mindestens; 8
Mineralwasser, das; 38
Minibar, die, -s; 57
Miniglossar, das, -e; 57
Mini-Pizza, die, -s; 38
Minirock, der, "-e; 88
Minute, die, -n; 15
mischen; 22
Mist!; 55
mit; 15, 63
mitarbeiten; 32
Mitarbeiter, der, -; 32
Mitarbeiterin, die, -nen; 14
mitbringen*; 70
mitfühlen; 10
mitgehen*; 85
mithelfen*; 46
mitkommen*; 38
mitmachen; 81
mitnehmen*; 90
mitspielen; 49
Mitspieler, der, -; 97
Mitspielerin, die, -nen; 97
Mittag, der; 32
Mittagessen, das, -; 42
mittags; 88
Mittagspause, die, -n; 64
Mitte, die; 22
Mitteilung, die, -en; 9
Mitternacht, die; 88
Mittwoch, der (= Mi), -e; 23
Möbel (Pl); 64
Möbelhaus, das, "-er; 81
möbliert; 82
möcht-; 14
Mode, die, -n; 86
Mode-Designerin, die, -nen; 78
Mode-Fan, der, -s ; 88
Modegeschäft, das, -e; 89
modern; 63
Moderne, die; 17
modisch; 86
mögen; 24, 79
möglich; 30
Moment, der, -e; 14
Moment mal!; 14
Monat, der, -e; 23
Mond, der, -e; 7
Montag, der (= Mo), -e; 23
Morgen, der, -; 30
morgen; 16
Motto, das, -s; 31
Mozzarella, der; 79
müde; 31
multifunktional; 23
Mund, der, "-er; 82
Münster, das, -; 16
Münsterturm, der; 62
Museum, das, Museen; 16
Museumsinsel, die, -n; 38
Museumsshop, der, -s; 55
Musical-Welterfolg, der, -e; 17
Musik, die; 17
musikalisch; 17
Musikclub, der, -s; 83
Musiker, der, -; 24
Musikerin, die, -nen; 24
Musikgeschmack, der; 88
Musikinstrument, das, -e; 22
Musiksaal, der, -säle; 94
Musik-Theater, das, -; 16
Müsli, das, -s; 38
müssen; 38
Mutter, die, "-; 88
Muttertag, der; 90

N

nach Hause; 31
nach; 17, 23, 34
Nachbar, der, -n; 64
Nachbarin, die, -nen; 49
nachdenken; 7
nachfragen; 19
nachgehen*; 64
nachher; 48
Nachmittag, der, -e; 31
Nachricht, die; -en; 31
nächst-; 50
Nacht, die, "-e; 15
Nachteil, der, -e; 25
Nachtportier, der, -s; 30
Nähe, die; 63
nahe; 55
Nahrungsmittel, das, -; 42
Name, der, -n; 6
nämlich; 27
Nase, die, -n; 82
Nationalgalerie, die, -n; 32
Nationalmannschaft, die, -en; 94
Natur, die; 9
Naturkatastrophe, die, -n; 42
natürlich; 22
Nazi, der, -s; 16
Nebel, der, -; 95
neben; 17
nebenbei; 81
Nebenjob, der, -s; 81
Neffe, der, -n; 50
nehmen*; 34, 58, 78
nein; 14
nennen*; 65
nerven; 30
nervös; 62
nett; 90
Netz, das, -e; 70
neu; 48
Neugier, die; 66
neugierig; 16
Neujahr, das; 88
neulich; 72
neutral; 91
nicht; 14
Nichte, die, -n; 8
Nichtraucher, der, -; 56
nichts; 46
nie; 72
niemand; 7
Nobelpreis, der, -e; 17
noch; 6
noch eins; 39
Norden, der; 9
normal; 88
Not, die, "-e; 42
Note, die, -n; 89
notieren; 10
Notiz, die, -en; 31
notwendig; 48
November, der; 23
Nudeln (Pl); 41

Alphabetisches Wörterverzeichnis

Nummer, die, -n; 18
nur; 15

O

oben; 62, 65
Obst, das; 38
Obstsalat, der, -e; 75
oder; 12
offen; 8
öffentlich; 17
Öffentlichkeit, die; 94
offiziell; 8
öffnen; 35
oft; 39
Oh!; 16
ohne; 18
Ohr, das, -en; 82
Ohrenschmerzen (Pl); 80
Ohrring, der, -e; 87
okay (o.k.); 22
ökologisch; 25
Oktober, der; 23
Öl, das, -e; 42, 64
Olivenöl, das, -e; 79
olympische Spiele (Pl); 33
Oma, die, -s; 47
Onkel, der, -; 50
Opa, der, -s; 50
Oper, die, -n; 16
Orange, die, -n (= Apfelsine);
orange; 66
Orangensaft, der; 38
Orangerie, die; 17
ordentlich; 86
ordnen; 9
Ordner, der, -; 70
Ordnung, die; 82
Organisation, die, -en; 14
organisieren; 9
orientieren (sich); 15
originell; 64
Ort, der, -e; 15
Ost; 39
Osten, der; 40
Osteressen, das, -; 88
Osterfest, das; 88
Osterfeuer, das; 88
Ostern; 96
Osternacht, die; 88
Österreich; 6
Österreicher, der, -; 46
Österreicherin, die, -nen; 9
Ostersonntag, der, -e; 88
oval; 64
Ozean, der, -e; 24

P

paar (ein paar); 46
Paar, das, -e; 90
packen; 90
Packung, die, -en; 42
Paket, das, -e; 54
Panne, die, -n; 26
Papa, der, -s; 47
Papier, das, -e; 50
Papiere (Pl); 26
Papierqualität, die; 71
Park, der, -s; 16
parken; 58
Parkplatz, der, "-e; 58
Partei, die, -en; 16
Partner, der, -; 8
Partnerin, die, -nen; 8
Party, die, -s; 73
Pass, der, "-e; 56
passen; 33
passieren; 30
Passwort, das, "-er; 70
Patentamt, das, "-er; 17
Patient, der, -en; 80
Pause, die, -n; 25
pazifistisch; 17
Pension, die, -en; 57
perfekt; 47
Person, die, -en; 6
Personalausweis, der, -e; 66
persönlich; 70
Pfadfinder, der, -; 63
Pfadfindergruppe, die, -n; 63
Pfeffer, der; 42
Pfingsten, das; 19
Pflanze, die, -n; 65
Pfund, das, -e; 27
Phänomen, das, -e; 94
phantastisch; 54
Philosophie, die; 35
Physik, die; 17
Physikstunde, die, -n; 35
Pianist, der, -en; 26
Pianistin, die, -nen; 26
Pilot, der, -en; 58
Pizza, die, -s; 73
Pizza-Service, der, -s; 56
PKW, der, -s; 26
PKW-Führerschein, der, -e; 81
Plakat, das, -e; 42
Plan, der, "-e; 16, 48
planen; 58
Plattdeutsch, das; 55
Platte, die, -n; 25
Platz, der, "-e; 8, 30
plötzlich; 14
Pokal, der, -e; 49
Politik, die; 15
Politiker, der, -; 42
Politikerin, die, -nen; 42
politisch; 16
Polizei, die; 26
Polizistin, die, -nen; 58
Popmusik, die; 17
Portmonee, das, -s; 90
Porträt, das, -s; 7
Position, die, -en; 12
Post, die; 18
Postkarte, die, -n; 72
Postleitzahl, die,
-en (= PLZ); 8
Praktikantin, die, -nen; 31
Praktikum, das, Praktika; 31
praktisch; 63
präsentieren; 94
Präsident, der, -en; 42
Praxis, die; 30
Preis, der, -e; 18
prima!; 41
primitiv; 65
privat; 86
pro; 24
probieren; 40
Problem, das, -e; 30
Produkt, das, -e; 39
produzieren; 22
Professor, der, Professoren; 17
Programm, das, -e; 17
Programmierer, der, -; 88
Projekt, das, -e; 32
promovieren; 17
Prosit Neujahr!; 88
Prospekt, der, -e; 16
Prost!; 72
protestieren; 73
Prozent, das, -e; 46
Prüfung, die, -en; 47
Publikumsmagnet, der, -e; 94
Pullover, der, -; 86
Punkt, der, -e; 97
pünktlich; 56
Punktzahl, die, -en; 97
putzen; 82

Q

Quadratmeter, der, -; 63
Quartett, das; 24
Quatsch, der; 86
Quiz, das; 80

R

Radio, das, -s; 30
Radiomeldung, die, -en; 23
Rand, der, "-er; 55
rasen; 54
Rathaus, das, "-er; 18
Ratschlag, der, "-e; 63
rauchen; 56
Raum, der "-e; 62
raus; 90
rausgehen*; 72
reagieren; 25
Rebellion, die, -en; 17
rebellisch; 17
Rechnung, die, -en; 34
Recht haben*; 87
rechts; 14
Rechtswissenschaft, die; 19
Recorder, der, -; 50
Redaktion, die, -en; 30
Rede, die, -n; 64
reden; 46
Regal, das, -e; 66
Regel, die, -n; 97
regelmäßig; 46
Regen, der; 95
Regenjacke, die, -n; 86
Regenschauer, der, -; 95
Regierung, die, -en; 40
Regierungsvertreter, der, -; 42
Regio, der
(= Regionalzug); 22
Region, die, -en; 63
regional; 81
Regionalzug, der, "-e
(= Regio); 22
regnen; 77
regnerisch; 94
Reichstag, der; 38
Reichstagsgebäude, das; 41
Reifen, der, -; 58
rein; 71
reingehen*; 71
Reis, der; 42
Reise, die, -n; 54
Reisebüro, das, -s; 58

Alphabetisches Wörterverzeichnis

Sonnenkraftwerk, das, -e; 94
sonnig; 95
Sonntag, der (= So), -e; 23
sonst; 39
Sowjetunion, die; 40
sozial; 17
Sozialarbeit, die; 8
Spaghetti (Pl); 79
spannend; 8
Sparpolitik, die; 73
Spaß, der, "-e; 24
spät; 34, 46
später; 11
spazieren gehen*; 32
Spaziergang, der, "-e; 54
Spedition, die, -en; 81
speichern; 49
Speise, die, -n, 38
Speisekarte, die, -n; 71
Speisewagen, der, -; 24
spenden; 24
Spezialgast, der, "-e; 94
Spezialität, die, -en; 17
Spiegel, der, -; 66
Spiel, das, -e; 97
spielen; 10, 22, 32, 64
Spieler, der, -; 97
Spielerin, die, -nen; 97
Spinat, der; 39
spinnen*; 96
spitze!; 24
Spitzenhotel, das, -s; 35
Spitzensport, der; 17
Sport, der; 16
Sportgruppe, die, -n; 63
Sportkleidung, die; 86
Sportlerin, die, -nen; 33
sportlich; 86
Sportunfall, der, "-e; 80
Sportveranstaltung, die, -en; 23
Sportverein, der, -e; 63
Sportverletzung, die, -en; 80
Sprache, die, -n; 6
Sprachengenie, das, -s; 15
Sprachenschule, die, -n; 40
Sprachkurs, der, -e; 46
sprechen*; 6
springen*; 82
Spur, die, -en; 27
Staat, der, -en; 40
Staatsbesuch, der, -e; 42
Stadion, das, Stadien; 25
Stadt, die, "-e; 14
Stadtgarten, der, "-; 16
Stadtgeschichte, die; 39
Stadtmensch, der, -en; 63
Stadtplan, der, "-e; 14
Stadtprospekt, der, -e; 14
Stadtrand, der, "-er; 57
Stadtrundfahrt, die, -en; 38
Stadtrundgang, der, "-e; 6
Stadtzentrum, das, -zentren; 30
Staffel, die, -n; 73
ständig; 78
Star, der, -s; 25
stark; 95
Start, der; 97
starten; 23, 49
Station, die, -en; 54
Statistik, die, -en; 46
statt, 88
stattfinden*; 62
Stau, der, -s; 54
Steckbrief, der, -e; 30
stecken; 74
stehen*; 22
steigen*; 7
Steintreppe, die, -n; 7
Stelle, die, -n; 14
stellen (sich); 80, 81
Stellung, die, -en; 72
Stempel, der, -; 66
sterben*; 17
Stern, der, -e; 9
Steuer, die, -n; 54
Stewardess, die, -en; 15
Stift, der, -e; 50
Stil, der, -e; 26
still; 47
Stimme, die, -n; 7
stimmen; 15
Stimmen-Festival, das, -s; 94
Stimmt!; 27
Stipendium, das, Stipendien; 62
Stock, der; 62
Stockwerk, das, -e; 23
stolz; 49
Strand, der, "-e; 54
Straße, die, -n; 9
Straßenbahn, die, -en; 58
Straßenname, der, -en; 8
Strauß, der, "-e; 72
Strecke, die, -n; 81
streichen*; 49
Streichquartett, das, -e; 40
streiken; 73
Streit, der; 88
streiten*; 7
Stress, der; 89
Strumpf, der, "-e; 90
Stück, das, -e/-; 24, 42
Student, der, -en; 30
Studentin, die, -nen; 40
Studienfach, das, "-er; 32
studieren; 34
Studio, das, -s; 22
Studium, das, Studien; 31
Stuhl, der, "-e; 50
Stunde, die, -n; 16
stundenlang; 54
Stundenplan, der, "-e; 34
Suche, die; 56
suchen; 9
Süden, der; 16
super!; 24
Superkoch, der, "-e; 72
Supermarkt, der, "-e; 39
Suppe, die, -n; 39
surfen; 30
süß; 74
Süßigkeit, die, -en; 88
Symbol, das, -e; 78
sympathisch; 35
Synagoge, die, -n; 16

T

Tafel, die, -n; 50
Tag, der, -e; 6
tagelang; 24
Tagesablauf, der, "-e; 30
Tagessuppe, die, -n; 38
Tageszeit, die, -en; 79
Tageszeitung, die, -en; 22
Tal, das, "-er; 9
Tandem-Partnerin, die, -nen; 48
tanken; 26
Tankstelle, die, -n; 26
Tannenbaum, der, "-e; 88
Tante, die, -n; 50
Tante-Emma-Laden, der, "-; 39
Tanz, der, "-e; 17
tanzen; 40
Tänzerin, die, -nen; 58
Tasche, die, -n; 56
Tasse, die, -n; 74
Tastatur, die, -en; 58
Tätigkeit, die, -en; 26
Tau, der; 96
Taxi, das, -s; 55
Team, das, -s; 85
Technik, die, -en; 62
Techniker, der, -; 94
Techno, der/das; 24
Tee, der, -s; 38
Teil, der, -e; 40
teilen; 39
teilnehmen*; 62
Teilnehmer, der, -; 47
Teilung, die; 42
Telefax, das, -e; 15
Telefon, das, -e; 9
Telefonbuch, das, "-er; 74
telefonieren; 34
Telefonnummer, die, -n; 8
Teller, der, -; 74
Temperatur, die, -en; 73
Tennis, das; 58
Tennis spielen; 48
Tennis-Club, der, -s; 49
Tennisplatz, der, "-e; 49
Teppich, der, -e; 64
Termin, der, -e; 30
Terminproblem, das, -e; 30
Terrasse, die, -n; 82
Test, der, -s; 89
testen; 48
Testspiel, das, -e; 94
teuer; 39, 57
Text, der, -e; 25
Textbaustein, der, -e; 73
Theater, das, -; 15
Thema, das, Themen; 17
thematisch; 17
Ticket, das, -s; 14
tief; 78
Tier, das, -e; 7
Tierarzt, der, "-e; 56
Tipp, der, -s; 48
Tisch, der, -e; 50
Tischmeister, der, -; 64
Titel, der, -; 33
Tochter, die, "-er; 88
Toilette, die, -n; 64
toll; 16
Tomate, die, -n; 42
Topf, der, "-e; 74
Topzustand, der, "-e; 81

Alphabetische Liste der unregelmäßigen Verben in *Optimal* A1 und *Optimal* A2

Die Liste enthält die unregelmäßigen Verben aus *Optimal*A1 und A2. Bei Verben mit Vorsilben ist nur die Grundform angeführt: *aufschreiben* siehe *schreiben*, *erkennen* siehe *kennen* usw.

Infinitiv	3. Person Singular Perfekt (*hat/ist* + Partizip II)
abbiegen	ist abgebogen
anbieten	hat angeboten
anbrennen	ist angebrannt
anrufen	hat angerufen
anstoßen	hat angestoßen
auftreten	ist aufgetreten
beginnen	hat begonnen
bitten	hat gebeten
bleiben	ist geblieben
brechen	hat gebrochen
brennen	hat gebrannt
bringen	hat gebracht
denken	hat gedacht
einladen	hat eingeladen
empfangen	hat empfangen
empfehlen	hat empfohlen
essen	hat gegessen
fahren	ist gefahren
finden	hat gefunden
fliegen	ist geflogen
fliehen	ist geflohen
fressen	hat gefressen
geben	hat gegeben
gefallen	hat gefallen
gehen	ist gegangen
genießen	hat genossen
geschehen	ist geschehen
gewinnen	hat gewonnen
gießen	hat gegossen
haben	hat gehabt
halten	hat gehalten
heißen	hat geheißen
helfen	hat geholfen
fallen	ist gefallen
kennen	hat gekannt
klingen	hat geklungen
kommen	ist gekommen
lassen	hat gelassen
laufen	ist gelaufen
lesen	hat gelesen
liegen	hat/ist gelegen

Infinitiv	3. Person Singular Perfekt (*hat/ist* + Partizip II)
messen	hat gemessen
nehmen	hat genommen
nennen	hat genannt
rennen	ist gerannt
riechen	hat gerochen
schießen	hat geschossen
schlafen	hat geschlafen
schließen	hat geschlossen
schneiden	hat geschnitten
schreiben	hat geschrieben
schwimmen	hat/ist geschwommen
sein	ist gewesen
senden	hat gesendet
singen	hat gesungen
spinnen	hat gesponnen
sprechen	hat gesprochen
springen	ist gesprungen
stehen	hat/ist gestanden
steigen	ist gestiegen
sterben	ist gestorben
streichen	hat gestrichen
streiten	hat gestritten
tragen	hat getragen
treffen	hat getroffen
treiben	hat getrieben
trinken	hat getrunken
tun	hat getan
verbinden	hat verbunden
verbringen	hat verbracht
vergessen	hat vergessen
vergleichen	hat verglichen
verlaufen	ist verlaufen
verlieren	hat verloren
verstehen	hat verstanden
wachsen	ist gewachsen
waschen	hat gewaschen
werden	ist geworden
werfen	hat geworfen
wissen	hat gewusst
ziehen	hat gezogen

Quellen

akg-images (Fotos: S. 17 u., 28, 40 li., 42 Mitte li.) – akg-images / Gerd Schütz (Fotos: S. 40 Mitte, 42 u. li.) – archivberlin / Luftbild & Pressefoto (Foto: S. 39 Mitte) – Archivo Iconografico, S. A. / Corbis (Foto: S. 80 Nr. 4) – Hans Baumann, Spur im Sand, aus: Hans-Joachim Gelberg (hg.), Überall und neben dir, 1986 Beltz Verlag, Weinheim und Basel, Programm Beltz & Gelberg, Weinheim (S. 27) – Berlin Tourismus Marketing GmbH (Fotos: S. 38 u., S. 42 o.) – Johannes Bohrer, Allschwil, Schweiz: Telefontasse (S. 97) – Alfred Büllesbach / Visum (Foto: S. 14 Mitte li.) – Susanne Busch (S. 46 o. Mitte) – Caro/Kaiser (Fotos: S. 39 o. re., 41 o. re.) – Dean Conger / Corbis – Corel Stock Photo Library (Fotos: S. 80, Nr. 3, 83) – Deutsche Bahn AG (Fotos: S. 22/23, 95 u.) – Christine Felder (Foto: S. 64 A) – Globus (S. 46 u.) – Gundi Görg, Düsseldorf (Foto: S. 16 o. re.) – Gernot Häublein, Altfraunhofen (Fotos: S. 14 o. Mitte, 46 o. li;) – Heinrich-Heine-Institut Düsseldorf, Heine-Porträt von Gottlieb Gassen (S. 51) – Charles Erik Huber, Atelier für Photographie & Text, Ennetbaden, Schweiz (Fotos: S. 94, 96 li. und Mitte und u. re.) – images.de / Hampel (Fotos: S. 62 o. li. und Mitte) – Lufthansa Bildarchiv (Foto: S. 15 o. Mitte) – Le Mirador Kempinski, Mont-Pèlerin, Schweiz (Foto: S. 31 o.) – picture-alliance/dpa/dpaweb (Foto: S. 33) – picture-alliance/ZB (Foto: S. 96 o. re.) – Polyglott Kartographie München (S. 38, 42) – Lutz Rohrmann (Fotos: 80 Nr. 5, 90) – Paul Rusch, Götzens (Fotos: S. 30, 31 li. und u. re., 47, 49 Mitte, 63, 80 Nr. 2) – Theo Scherling, München (Zeichnungen: S. 27, 67, 80 Nr. 7; Fotos: S. 15 o. li., 38 Mitte, 39 o. li., 40 o. re., 41 o. li., 42 Mitte re.) – Hubert Stadler / CORBIS (Foto: S. 15 o. re.) – Barbara Stenzel, München (Foto: S. 42 o. li.) – SV Bilderdienst: C. Hess (Foto: S. 64 D) – Touristikverband Siegerland-Wittgenstein (Foto: S. 14 o. li.) – Transit / Peter Hirth (Foto: S. 41 u.) – Edelgard Weiler, Düsseldorf (Foto: S. 14 o. re., 16 o. li.) – Lukas Wertenschlag, Lutry (Fotos: S. 6-7, 97) – Wiener Fremdenverkehrsverband (Foto: S. 80 Nr. 9)

Alle hier nicht aufgeführten Zeichnungen: Christoph Heuer, Zürich
Alle hier nicht aufgeführten Fotos: Vanessa Daly, München